Saveurs de l'Inde

L'Art Culinaire Authentique de l'Inde

Amrita Desai

Résumé

Raïta à l'ail 20
    INGRÉDIENTS 20
    Méthode 20
Raïta aux légumes mélangés 21
    INGRÉDIENTS 21
    Méthode 21
Bondi Raïta 22
    INGRÉDIENTS 22
    Méthode 22
Raïta de chou-fleur 23
    INGRÉDIENTS 23
    Méthode 24
Raïta de chou 25
    INGRÉDIENTS 25
    Méthode 25
Raïta de betterave 26
    INGRÉDIENTS 26
    Méthode 26
Légumineuses Raïta 27
    INGRÉDIENTS 27
    Méthode 27
Pâques Pudina Raita 28

- INGRÉDIENTS 28
  - Méthode 28
- Raita couchée 29
  - INGRÉDIENTS 29
  - Méthode 29
- Raïta d'aubergine 30
  - INGRÉDIENTS 30
  - Méthode 30
- Raïta au safran 31
  - INGRÉDIENTS 31
  - Méthode 31
- Yam Raïta 32
  - INGRÉDIENTS 32
  - Méthode 33
- Gombo Raïta 34
  - INGRÉDIENTS 34
  - Méthode 34
- Tarte croustillante aux épinards 35
  - INGRÉDIENTS 35
  - Méthode 35
- Rava Dosa 37
  - INGRÉDIENTS 37
  - Méthode 37
- Escalope Doodhi 39
  - INGRÉDIENTS 39
  - Pour la béchamel : 39
  - Méthode 39

quatrième 41
   INGRÉDIENTS 41
      Pour la pâte : 41
      Méthode 42
Brochette de poulet Nargisi 43
   INGRÉDIENTS 43
      Méthode 44
Sev Puris avec garniture salée 45
   INGRÉDIENTS 45
      Méthode 46
Rouleau spécial 47
   INGRÉDIENTS 47
      Méthode 48
Colocasie rôtie 49
   INGRÉDIENTS 49
      Méthode 50
Dhal Dosa mixte 51
   INGRÉDIENTS 51
      Méthode 51
Gâteaux de La Mecque 52
   INGRÉDIENTS 52
      Méthode 53
Kebab Hara Bhara 54
   INGRÉDIENTS 54
      Méthode 54
Poisson Pakoda 56
   INGRÉDIENTS 56

Méthode	57
Shami-Kebabs	58
INGRÉDIENTS	58
Méthode	59
Dhokla de base	60
INGRÉDIENTS	60
Méthode	61
Allez	62
INGRÉDIENTS	62
Méthode	63
Dhokla à deux étages	64
INGRÉDIENTS	64
Méthode	65
Ulundu Vada	66
INGRÉDIENTS	66
Méthode	66
Oued Bhakar	67
INGRÉDIENTS	67
Méthode	67
Chat mangaloréen	69
INGRÉDIENTS	69
Méthode	70
Pani puri	71
INGRÉDIENTS	71
Pour le remplissage:	71
Pour le chignon :	71
Méthode	72

Épinards farcis aux œufs 73
    INGRÉDIENTS 73
    Méthode 74
Sada-Dosa 75
    INGRÉDIENTS 75
    Méthode 75
Samoussa aux pommes de terre 77
    INGRÉDIENTS 77
    Méthode 78
Kachori chaud 80
    INGRÉDIENTS 80
    Méthode 80
Khandvi 83
    INGRÉDIENTS 83
    Méthode 84
Places de la Mecque 85
    INGRÉDIENTS 85
    Méthode 86
Dhal Pakwan 87
    INGRÉDIENTS 87
    Pour le pakwan : 87
    Méthode 88
sev épicé 89
    INGRÉDIENTS 89
    Méthode 89
Mezzaluna végétarienne farcie 91
    INGRÉDIENTS 91

Pour le remplissage: 91
Méthode 92
Usal Kachori 93
INGRÉDIENTS 93
Pour le remplissage: 93
Pour la sauce: 94
Méthode 94
Dhal Dhokli 96
INGRÉDIENTS 96
Pour le dhal : 96
Méthode 97
Missel 98
INGRÉDIENTS 98
Pour le mélange d'épices : 99
Méthode 100
Pandore 101
INGRÉDIENTS 101
Méthode 101
Ajouter des légumes 103
INGRÉDIENTS 103
Méthode 104
Épi de maïs épicé 105
INGRÉDIENTS 105
Méthode 105
Escalopes de légumes mélangés 106
INGRÉDIENTS 106
Méthode 107

- Idli Upma 108
  - INGRÉDIENTS 108
  - Méthode 109
- Dhal Bhajiya 110
  - INGRÉDIENTS 110
  - Méthode 110
- Papa Masala 111
  - INGRÉDIENTS 111
  - Méthode 111
- Sandwich aux légumes 112
  - INGRÉDIENTS 112
  - Méthode 112
- Rouleaux de haricots verts germés 114
  - INGRÉDIENTS 114
  - Méthode 115
- Sandwich au chutney 116
  - INGRÉDIENTS 116
  - Méthode 116
- Chatpata Gobhi 117
  - INGRÉDIENTS 117
  - Méthode 117
- Sabudana Vada 118
  - INGRÉDIENTS 118
  - Méthode 118
- Pain Upma 120
  - INGRÉDIENTS 120
  - Méthode 121

Khaja épicé 122
    INGRÉDIENTS 122
    Méthode 123
Pommes de terre croustillantes 124
    INGRÉDIENTS 124
    Méthode 125
Dhal Vada 126
    INGRÉDIENTS 126
    Méthode 127
Crevettes frites en pâte 128
    INGRÉDIENTS 128
    Méthode 129
Maquereau à la sauce tomate 130
    INGRÉDIENTS 130
    Méthode 131
Konju Ullaruathu 132
    INGRÉDIENTS 132
    Méthode 133
Curry de manga Chemeen 134
    INGRÉDIENTS 134
    Méthode 135
Macchi frits simples 136
    INGRÉDIENTS 136
    Méthode 136
Machher Kalia 137
    INGRÉDIENTS 137
    Méthode 138

Poisson frit à l'oeuf	139
INGRÉDIENTS	139
Méthode	139
Lau Chingri	140
INGRÉDIENTS	140
Méthode	141
Poisson tomate	142
INGRÉDIENTS	142
Méthode	143
Chingri Machher Kalia	144
INGRÉDIENTS	144
Méthode	144
Poisson Tikka Kebab	145
INGRÉDIENTS	145
Méthode	145
Boulettes de légumes	146
INGRÉDIENTS	146
Méthode	146
Haricots germés Bhel	148
INGRÉDIENTS	148
Pour la garniture :	148
Méthode	149
Aloo Kachori	150
INGRÉDIENTS	150
Méthode	150
Régime dosé	152
INGRÉDIENTS	152

Méthode	152
Rouleau nutritif	154
INGRÉDIENTS	154
Méthode	155
Sabudana Palak Doodhi Uttapam	156
INGRÉDIENTS	156
Méthode	157
Caca	158
INGRÉDIENTS	158
Méthode	159
Escalope de légumes	160
INGRÉDIENTS	160
Méthode	161
Uppit de soja	162
INGRÉDIENTS	162
Méthode	163
Upma	164
INGRÉDIENTS	164
Méthode	165
Vermicelles Upma	166
INGRÉDIENTS	166
Méthode	167
Lier	168
INGRÉDIENTS	168
Méthode	169
Dhokla instantané	170
INGRÉDIENTS	170

Méthode 171
Dhal Maharani 172
    INGRÉDIENTS 172
    Méthode 173
Milagu Kuzhambu 174
    INGRÉDIENTS 174
    Méthode 175
Dhal Hariyali 176
    INGRÉDIENTS 176
    Méthode 177
Dhalcha 178
    INGRÉDIENTS 178
    Méthode 179
Tarkari Dhalcha 180
    INGRÉDIENTS 180
    Méthode 181
Dhokar Dhalna 182
    INGRÉDIENTS 182
    Méthode 182
varan 184
    INGRÉDIENTS 184
    Méthode 184
Dhal sucré 185
    INGRÉDIENTS 185
    Méthode 186
Dhal aigre-doux 187
    INGRÉDIENTS 187

- Méthode 188
- Mung-ni-Dhal 189
  - INGRÉDIENTS 189
  - Méthode 190
- Dhal à l'oignon et à la noix de coco 191
  - INGRÉDIENTS 191
  - Méthode 192
- Dahi Kadhi 193
  - INGRÉDIENTS 193
  - Méthode 194
- Dhal aux épinards 195
  - INGRÉDIENTS 195
  - Méthode 196
- Preneur Dhal 197
  - INGRÉDIENTS 197
  - Méthode 198
- Dhal de base 199
  - INGRÉDIENTS 199
  - Méthode 200
- Maa-ki-Dhal 201
  - INGRÉDIENTS 201
  - Méthode 202
- Dhansak 203
  - INGRÉDIENTS 203
  - Pour le mélange dhal : 203
  - Méthode 204
- Masoor Dhal 205

- INGRÉDIENTS 205
- Méthode 205
- Panchemel Dhal 206
  - INGRÉDIENTS 206
  - Méthode 207
- Cholar Dhal 208
  - INGRÉDIENTS 208
  - Méthode 209
- Dilpa et Dhal 210
  - INGRÉDIENTS 210
  - Méthode 211
- Dhal Masoor 212
  - INGRÉDIENTS 212
  - Méthode 213
- Dhal d'aubergines 214
  - INGRÉDIENTS 214
  - Méthode 215
- Dhal Tadka jaune 216
  - INGRÉDIENTS 216
  - Méthode 216
- Rasam 217
  - INGRÉDIENTS 217
  - Pour le mélange d'épices : 217
  - Méthode 218
- Mung Dhal simple 219
  - INGRÉDIENTS 219
  - Méthode 219

Haricot mungo vert entier 220
  INGRÉDIENTS.. 220
  Méthode... 221

introduction

La cuisine indienne varie énormément. Quel que soit le type de nourriture qui vous intéresse – viande, poisson ou végétarien – vous trouverez une recette adaptée à votre palais et à votre humeur. Si le curry est inévitablement associé à l'Inde, ce terme est simplement utilisé pour désigner de la viande ou des légumes cuits dans une sauce épicée, généralement consommés avec du riz ou du pain indien. Comme vous le montrera cette collection de mille recettes indiennes, la cuisine indienne ne se limite pas aux restaurants préférés de tous.

La nourriture est prise très au sérieux en Inde et la cuisine est considérée comme un art. Chaque État indien a ses propres traditions, culture, mode de vie et alimentation. Même les familles individuelles peuvent avoir leurs propres recettes secrètes pour les poudres et les pâtes qui constituent l'épine dorsale du plat. Cependant, ce que tous les plats indiens ont en commun, c'est la délicate alchimie des épices qui leur confère leur saveur si particulière.

Les recettes du livre sont authentiques, comme vous pourriez en trouver dans une maison indienne, mais elles sont simples, donc si c'est la première fois que vous cuisinez des plats indiens, allez-y doucement. Il ne vous reste plus qu'à tourner les pages, choisir ce qui vous fait envie et créer un délicieux repas à l'indienne !

Raïta à l'ail

Vous en portez 4

INGRÉDIENTS

2 piments verts

5 gousses d'ail

450 g de yaourt battu

Sel au goût

Méthode

- Rôtir le poivron sec jusqu'à ce qu'il soit légèrement brun. Broyez-les avec de l'ail.
- Mélanger avec les autres ingrédients. Il est servi froid.

Raïta aux légumes mélangés

Vous en portez 4

INGRÉDIENTS

1 grosse pomme de terre, coupée en dés et bouillie

25 g de haricots verts finement hachés et cuits

25 g de petites carottes finement hachées et cuites

50 g de petits pois bouillis

450 g de yaourt

½ cuillère à café de poivre noir moulu

1 cuillère à soupe de feuilles de coriandre finement hachées

Sel au goût

Méthode

- Mélangez bien tous les ingrédients dans un bol. Il est servi froid.

Bondi Raïta

Vous en portez 4

INGRÉDIENTS

115 g de boondi salé*

450 g de yaourt

½ cuillère à café de sucre

½ cuillère à café de chaat masala*

Méthode

- Mélangez bien tous les ingrédients dans un bol. Il est servi froid.

Raïta de chou-fleur

Vous en portez 4

INGRÉDIENTS

250 g de chou-fleur coupé en bouquets ou râpé

Sel au goût

½ cuillère à café de poivre noir moulu

½ cuillère à café de poudre de chili

½ cuillère à café de moutarde moulue

450 g de yaourt

1 cuillère à café de beurre clarifié

½ cuillère à café de graines de moutarde

Chaat Masala*goût

Méthode

- Mélangez le chou-fleur avec le sel et le mélange vapeur.
- Fouetter le poivre, la poudre de chili, la moutarde, le sel et le yaourt dans un bol.
- Ajouter le mélange de chou-fleur au mélange de yaourt et réserver.
- Faites chauffer le ghee dans une petite casserole. Quand ça commence à fumer, ajoutez les graines de moutarde. Laissez-les égoutter pendant 15 secondes.
- Ajoutez-le avec le chaat masala au mélange de yaourt. Il est servi froid.

Raïta de chou

Vous en portez 4

INGRÉDIENTS

100 g de chou râpé

Sel au goût

1 cuillère à soupe de feuilles de coriandre finement hachées

2 cuillères à soupe de noix de coco râpée

450 g de yaourt

1 cuillère à café d'huile

½ cuillère à café de graines de moutarde

3-4 feuilles de curry

Méthode

- Faire bouillir le chou avec du sel. Laisser refroidir.
- Ajoutez les feuilles de coriandre, la noix de coco et le yaourt. Bien mélanger. Étagère.
- Faites chauffer l'huile dans une petite casserole. Ajoutez les graines de moutarde et les feuilles de curry. Laissez-les égoutter pendant 15 secondes.
- Versez-le dans le mélange de yaourt. Il est servi froid.

Raïta de betterave

Vous en portez 4

INGRÉDIENTS

1 grosse betterave bouillie et râpée

450 g de yaourt

½ cuillère à café de sucre

Sel au goût

1 cuillère à café de beurre clarifié

½ cuillère à café de graines de cumin

1 piment vert, tranché dans le sens de la longueur

1 cuillère à soupe de feuilles de coriandre finement hachées

Méthode

- Dans un bol, mélangez les betteraves, le yaourt, le sucre et le sel.
- Faites chauffer le ghee dans une casserole. Ajoutez les graines de cumin et les piments verts. Laissez-les égoutter pendant 15 secondes. Ajoutez-le au mélange de betterave et de yaourt.
- Transférer dans un bol de service et garnir de feuilles de coriandre.
- Il est servi froid.

Légumineuses Raïta

Vous en portez 4

INGRÉDIENTS

75 g de germes de soja

75 g de Kaala Chana germé*

75 g de pois chiches germés

1 concombre, haché finement

10 g de feuilles de coriandre finement hachées

2 cuillères à café de chaat masala*

½ cuillère à café de sucre

450 g de yaourt

Méthode

- Faire bouillir les germes de soja pendant 5 minutes. Étagère.
- Faites bouillir le kaala chana et les pois chiches avec un peu d'eau à feu moyen dans une casserole pendant 30 minutes. Étagère.
- Mélangez les germes de soja avec tous les autres ingrédients. Bien mélanger. Égoutter et ajouter le kaala chana et les pois chiches.
- Il est servi froid.

Pâques Pudina Raita

Vous en portez 4

INGRÉDIENTS

200 g de pâtes cuites

1 gros concombre, haché finement

450 g de yaourt battu

2 cuillères à café de moutarde prête

50 g de feuilles de menthe finement hachées

Sel au goût

Méthode

- mélangez tous les ingrédients ensemble. Il est servi froid.

Raita couchée

Vous en portez 4

INGRÉDIENTS

50 g de feuilles de menthe

25 g / à peine 1 oz de feuilles de coriandre

1 poivron vert

2 gousses d'ail

450 g de yaourt

1 cuillère à café de chaat masala*

1 cuillère à café de sucre semoule

Sel au goût

Méthode

- Broyer ensemble les feuilles de menthe, les feuilles de coriandre, les piments et l'ail.
- Mélanger avec les autres ingrédients dans un bol.
- Il est servi froid.

Raïta d'aubergine

Vous en portez 4

INGRÉDIENTS

1 grosse aubergine

450 g de yaourt

1 gros oignon, finement râpé

2 piments verts, finement hachés

10 g de feuilles de coriandre finement hachées

Sel au goût

Méthode

- Piquez partout l'aubergine avec une fourchette. Rôtir au four à 180°C (350°F, thermostat 4), en retournant de temps en temps, jusqu'à ce que la peau soit carbonisée.
- Faites tremper les aubergines dans un bol d'eau pour les laisser refroidir. Égouttez l'eau et retirez la peau de l'aubergine.
- Écrasez l'aubergine jusqu'à consistance lisse. Mélanger avec tous les autres ingrédients.
- Il est servi froid.

Raïta au safran

Vous en portez 4

INGRÉDIENTS

350 g de yaourt

1 cuillère à café de safran trempé dans 2 cuillères à soupe de lait pendant 30 minutes

25 g de 1 oz de raisins secs, trempés dans l'eau pendant 2 heures

75 g d'amandes et de pistaches grillées finement hachées

1 cuillère à soupe de sucre semoule

Méthode

- Battez le yaourt avec le safran dans un bol.
- Ajoutez tous les autres ingrédients. Bien mélanger.
- Il est servi froid.

Yam Raïta

Vous en portez 4

INGRÉDIENTS

250 g de patates douces*

Sel au goût

¼ cuillère à café de poudre de chili

¼ cuillère à café de poivre noir moulu

350 g de yaourt

1 cuillère à café de beurre clarifié

½ cuillère à café de graines de cumin

2 piments verts, tranchés dans le sens de la longueur

1 cuillère à soupe de feuilles de coriandre finement hachées

Méthode

- Épluchez et râpez les pommes de terre. Ajoutez un peu de sel et faites cuire le mélange à la vapeur jusqu'à ce qu'il soit tendre. Étagère.
- Dans un bol, mélangez le sel, la poudre de chili et le poivre moulu avec le yaourt.
- Ajoutez l'igname au mélange de yaourt. Étagère.
- Faites chauffer le ghee dans une petite casserole. Ajouter les graines de cumin et les piments verts. Laissez-les égoutter pendant 15 secondes.
- Ajoutez-le au mélange de yaourt. Mélangez délicatement.
- Garnir de feuilles de coriandre. Il est servi froid.

Gombo Raïta

Vous en portez 4

INGRÉDIENTS

250 g de gombo finement haché

Sel au goût

½ cuillère à café de poudre de chili

½ cuillère à café de curcuma

Huile végétale raffinée pour la friture

350 g de yaourt

1 cuillère à café de chaat masala*

Méthode

- Frottez les morceaux de gombo avec du sel, de la poudre de chili et du curcuma.
- Chauffer l'huile dans une casserole. Faites frire le gombo à feu moyen pendant 3-4 minutes. Égoutter sur du papier absorbant. Étagère.
- Dans un bol, fouettez le yaourt avec le chaat masala et le sel.
- Ajoutez le gombo rôti au mélange de yaourt.
- Servir froid ou à température ambiante.

Tarte croustillante aux épinards

12 maintenant

INGRÉDIENTS

1 cuillère à soupe d'huile végétale raffinée et un peu pour la friture

1 gros oignon, finement haché

50 g d'épinards bouillis et finement hachés

1 cuillère à café de pâte d'ail

1 cuillère à café de pâte de gingembre

Sel au goût

300 g de pain*, haché

2 oeufs, battus

2 cuillères à soupe de farine blanche

Poivrer au besoin

Sel au goût

50 g de chapelure

Méthode

- Faites chauffer l'huile dans une poêle. Faire revenir l'oignon à feu moyen jusqu'à ce qu'il soit translucide.
- Ajouter les épinards, la pâte d'ail, la pâte de gingembre et le sel. Cuire 2-3 minutes.

- Retirez du feu et ajoutez le bacon. Bien mélanger et diviser en boulettes de viande carrées. Couvrir de papier d'aluminium et réfrigérer pendant 30 minutes.
- Mélangez les œufs, la farine, le poivre et le sel pour former une pâte fine.
- Faites chauffer le reste de l'huile dans une poêle. Trempez chaque petit pain dans la pâte, roulez-le dans la chapelure et faites-le frire jusqu'à ce qu'il soit doré.
- Servir chaud avec un chutney d'ail sec

Rava Dosa

(Crêpes à la semoule)

Pour 10 à 12 personnes

INGRÉDIENTS

100 g de semoule

85 g de farine blanche

Une pincée de bicarbonate de soude

250 g de yaourt

240 ml d'eau

Sel au goût

Huile végétale raffinée pour graisser

Méthode

- Mélangez tous les ingrédients sauf l'huile pour former une pâte à crêpes. Laisser reposer 20 à 30 minutes.
- Beurrer et chauffer une poêle plate. Versez 2 cuillères à soupe de pâte. Étalez en soulevant la poêle et en la basculant légèrement.
- Versez un peu d'huile sur les bords.
- Cuire 3 minutes. Retourner et cuire jusqu'à ce qu'il soit croustillant.
- Répétez l'opération pour le reste de la pâte.

- Servir chaud avec un chutney de noix de coco

Escalope Doodhi

(escalope de citrouille en bouteille)

faire 20

INGRÉDIENTS

1 cuillère à soupe d'huile végétale raffinée et un peu pour la friture

1 gros oignon, haché

4 piments verts, finement hachés

2,5 cm de racine de gingembre, râpée

1 grande gourde en verre*, pelé et râpé

Sel au goût

2 oeufs, battus

100 g de chapelure

Pour la béchamel :

2 cuillères à soupe de margarine/beurre

4 cuillères à soupe de farine

Sel au goût

Poivrer au besoin

1 cuillère à soupe de crème

Méthode

- Pour la sauce blanche, faites chauffer la margarine/beurre dans une casserole. Ajoutez tous les autres ingrédients de la sauce blanche et mélangez à feu moyen jusqu'à obtenir une sauce épaisse et crémeuse. Étagère.
- Faites chauffer l'huile dans une poêle. Faites revenir l'oignon, le poivron vert et le gingembre à feu moyen pendant 2-3 minutes.
- Ajoutez la gourde en verre et le sel. Bien mélanger. Couvrir avec un couvercle et cuire 15 à 20 minutes à feu moyen.
- Découvrez et écrasez bien la gourde. Ajoutez la sauce béchamel et la moitié des œufs battus. Laisser reposer 20 minutes pour solidifier et durcir.
- Coupez le mélange en tranches.
- Chauffer l'huile dans une casserole. Trempez chaque escalope dans l'œuf battu restant, roulez-la dans la chapelure et faites-la frire jusqu'à ce qu'elle soit dorée.
- Servir chaud avec un chutney de tomates sucré

quatrième

(Moulinet à feuilles de colocation)

faire 20

INGRÉDIENTS

10 feuilles de colocasia*

2 cuillères à soupe d'huile végétale raffinée

½ cuillère à café de graines de moutarde

1 cuillère à café de graines de sésame

1 cuillère à café de graines de cumin

8 feuilles de curry

2 cuillères à soupe de feuilles de coriandre finement hachées

Pour la pâte :

250 g de faisan*

4 cuillères à soupe de jagré*, rire

1 cuillère à café de pâte de tamarin

½ cuillère à café de pâte de gingembre

½ cuillère à café de pâte d'ail

1 cuillère à café de poudre de chili

½ cuillère à café de curcuma

Sel au goût

Méthode

- Mélangez tous les ingrédients de la pâte pour former une pâte épaisse.
- Étalez une couche de pâte sur chaque feuille de colocasia jusqu'à ce qu'elle soit complètement recouverte.
- Placez 5 feuilles couvertes les unes sur les autres.
- Pliez les feuilles à 1 pouce de chaque coin pour former un carré. Faites pivoter ce carré pour en faire un cylindre.
- Répétez l'opération pour les 5 autres feuilles.
- Faites bouillir les petits pains pendant environ 20 à 25 minutes. Laisser refroidir.
- Coupez chaque rouleau en forme de roue. Étagère.
- Chauffer l'huile dans une casserole. Ajoutez la moutarde, les graines de sésame, les graines de cumin et les feuilles de curry. Laissez-les égoutter pendant 15 secondes.
- Jetez ça sur les roues.
- Garnir de feuilles de coriandre. Il est servi chaud.

Brochette de poulet Nargisi

(Kebab au poulet et fromage)

Donne 20-25

INGRÉDIENTS

500 g de poulet émincé

150 g de fromage Cheddar râpé

2 gros oignons, finement hachés

1 cuillère à café de pâte de gingembre

1 cuillère à café de pâte d'ail

1 cuillère à café de cardamome moulue

2 cuillères à café de garam masala

1 cuillère à café de coriandre moulue

½ cuillère à café de curcuma

½ cuillère à café de poudre de chili

Sel au goût

15-20 raisins secs

Huile végétale raffinée pour la friture

Méthode

- Pétrir tous les ingrédients sauf les raisins secs et l'huile pour obtenir une pâte.
- Faites des petites boulettes. Placez un raisin sec au centre de chaque boulette.
- Faites chauffer l'huile dans une poêle. Faites frire les boulettes à feu moyen jusqu'à ce qu'elles soient dorées. Servir chaud avec un chutney à la menthe

Sev Puris avec garniture salée

Vous en portez 4

INGRÉDIENTS

24 sève pure*

2 pommes de terre coupées en cubes et bouillies

1 gros oignon, finement haché

¼ petite mangue verte non mûre, hachée finement

120 ml de chutney aigre-piquant

4 cuillères à soupe de chutney à la menthe

1 cuillère à café de chaat masala*

Jus de 1 citron

Sel au goût

150 g/5½ oz*

2 cuillères à soupe de feuilles de coriandre hachées

Méthode

- Disposez les puris sur un plat de service.
- Disposez de petites portions de pomme de terre, d'oignon et de mangue sur chaque puri.
- Arrosez chaque puri de chutney épicé et de chutney à la menthe.
- Saupoudrer de chaat masala, de jus de citron et de sel.
- Garnir de jus et de feuilles de coriandre. Sers immédiatement.

Rouleau spécial

maintenant 4

INGRÉDIENTS

1 cuillère à café de levure

Une pincée de sucre

240 ml d'eau tiède

350 g de farine blanche

½ cuillère à café de levure chimique

2 cuillères à soupe de beurre

1 gros oignon, finement haché

2 tomates, hachées finement

30 g de feuilles de menthe hachées finement

200 g d'épinards cuits

300 g de pain*, en dés

Sel au goût

Poivre noir moulu au goût

125 g de purée de tomates

1 œuf battu

Méthode

- Dissoudre la levure et le sucre dans l'eau.
- Tamisez ensemble la farine et la levure chimique. Mélanger avec la levure chimique et pétrir pour obtenir une pâte.
- A l'aide d'un rouleau à pâtisserie, étalez la pâte en 2 chapatis. Étagère.
- Faites chauffer la moitié du beurre dans une casserole. Ajouter les oignons, les tomates, les feuilles de menthe, les épinards, le paneer, le sel et le poivre noir. Laisser mijoter à feu moyen pendant 3 minutes.
- Étalez-le sur 1 chapatti. Versez dessus le concentré de tomates et recouvrez avec les autres chapatis. Scellez les extrémités.
- Badigeonner les chapatis avec le reste de l'œuf et du beurre.
- Cuire au four à 150°C (300°F, thermostat 2) pendant 10 minutes. Il est servi chaud.

Colocasie rôtie

Vous en portez 4

INGRÉDIENTS

500 g/1 lb 2 oz de colocasia*

2 cuillères à soupe de coriandre moulue

1 cuillère à soupe de cumin moulu

1 cuillère à soupe d'amchoor*

2 cuillères à café de besan*

Sel au goût

Huile végétale raffinée pour la friture

Chaat Masala*, goût

1 cuillère à soupe de feuilles de coriandre hachées

½ cuillère à café de jus de citron

Méthode

- Faire bouillir la colocasia dans une casserole pendant 15 minutes à feu doux. Laisser refroidir, peler, couper dans le sens de la longueur et aplatir. Étagère.
- Mélangez la coriandre moulue, le cumin moulu, l'amchoor, le besan et le sel. Roulez les morceaux de colocasia dans ce mélange. Étagère.
- Chauffer l'huile dans une casserole. Faites frire la colocasia jusqu'à ce qu'elle soit croustillante, puis égouttez-la.
- Saupoudrer des autres ingrédients. Il est servi chaud.

Dhal Dosa mixte

(Crêpe de lentilles mélangées)

Pour 8 à 10 personnes

INGRÉDIENTS

250 g de riz trempé pendant 5-6 heures

100 g de dhal mungo*, laisser macérer 5 à 6 heures

100 g de chana dhal*, laisser macérer 5 à 6 heures

100 g/3½ oz d'urad dhal*, laisser macérer 5 à 6 heures

2 cuillères à soupe de yaourt

½ cuillère à café de bicarbonate de sodium

2 cuillères à soupe d'huile végétale raffinée et un peu pour la friture

Sel au goût

Méthode

- Moudre le riz et le dhal séparément. Mélanger ensemble. Ajoutez le yaourt, le bicarbonate de soude, l'huile et le sel. Fouetter jusqu'à ce que le mélange soit mousseux et clair. Laisser reposer 3-4 heures.
- Beurrer et chauffer une poêle plate. Versez dessus 2 cuillères à soupe de pâte et étalez comme une crêpe. Versez un peu d'huile sur les bords. Cuire 2 minutes. Il est servi chaud.

Gâteaux de La Mecque

(Gâteaux de maïs)

Il est 12h-15h

INGRÉDIENTS

4 épis de maïs frais

2 cuillères à soupe de beurre

750 ml de lait

½ cuillère à café de poudre de chili

Sel au goût

Poivre noir moulu au goût

25 g/1 oz de petites feuilles de coriandre hachées

50 g de chapelure

Méthode

- Retirez les grains des épis de maïs et hachez-les grossièrement.
- Faites chauffer le beurre dans une casserole et faites revenir le maïs moulu pendant 2-3 minutes à feu moyen. Ajouter le lait et faire bouillir jusqu'à ce qu'il soit sec.
- Ajouter la poudre de chili, le sel, le poivre noir et les feuilles de coriandre.
- Ajoutez la chapelure et mélangez bien. Divisez le mélange en petites boules.
- Faites chauffer le beurre dans une poêle. Faites frire les boulettes de viande jusqu'à ce qu'elles soient dorées. Il est servi chaud avec du ketchup.

Kebab Hara Bhara

(Rid d'abeille de légumes verts)

Vous en portez 4

INGRÉDIENTS

300 g de chana dhal*, laisser tremper toute la nuit

2 gousses de cardamome verte

2,5 cm/1 pouce de cannelle

Sel au goût

60 ml d'eau

200 g d'épinards cuits à la vapeur et hachés

½ cuillère à café de garam masala

¼ cuillère à café de macis, râpé

Huile végétale raffinée pour la friture

Méthode

- Égoutter le dhal. Ajoutez la cardamome, les clous de girofle, la cannelle, le sel et l'eau. Cuire dans une casserole à feu moyen jusqu'à tendreté. Il est réduit en pâte.
- Ajouter tous les autres ingrédients sauf l'huile. Bien mélanger. Divisez le mélange en boules de la taille d'un citron et aplatissez-les en petites galettes.

- Faites chauffer l'huile dans une poêle. Faites frire les boulettes de viande à feu moyen jusqu'à ce qu'elles soient dorées. Servir chaud avec un chutney à la menthe

Poisson Pakoda

(poisson frit dans la pâte)

12 maintenant

INGRÉDIENTS

300 g de poisson désossé, coupé en morceaux de 2,5 cm

Sel au goût

2 cuillères à soupe de jus de citron

3 cuillères à soupe d'eau

250 g de faisan*

1 cuillère à café de pâte d'ail

2 piments verts, finement hachés

1 cuillère à café de garam masala

½ cuillère à café de curcuma

Huile végétale raffinée pour la friture

Méthode

- Faites mariner le poisson avec du sel et du jus de citron pendant 20 minutes.
- Mélangez les autres ingrédients, sauf l'huile, jusqu'à obtenir une pâte épaisse.
- Chauffer l'huile dans une casserole. Trempez chaque morceau de poisson dans la pâte et faites-le frire jusqu'à ce qu'il soit doré. Égoutter sur du papier absorbant. Il est servi chaud.

Shami-Kebabs

(Kebab de bœuf râpé du Bengale)

faire 35

INGRÉDIENTS

750 g de poulet émincé

600 g de chana dhal*

3 gros oignons, hachés

1 cuillère à café de pâte de gingembre

1 cuillère à café de pâte d'ail

2,5 cm/1 pouce de cannelle

4 clous de girofle

2 gousses de cardamome noire

7 grains de poivre

1 cuillère à café de cumin moulu

Sel au goût

450 ml d'eau

2 oeufs, battus

Huile végétale raffinée pour la friture

Méthode

- Mélangez tous les ingrédients sauf les œufs et l'huile. Faire bouillir dans une casserole jusqu'à ce que toute l'eau s'évapore. Broyer en une pâte épaisse.
- Ajoutez les œufs aux pâtes. Bien mélanger. Divisez le mélange en 35 petits pains.
- Faites chauffer l'huile dans une poêle. Faites frire les boulettes de viande à feu doux jusqu'à ce qu'elles soient dorées.
- Servir chaud avec un chutney à la menthe

Dhokla de base

(Boîtier vapeur de base)

Il est 18h20

INGRÉDIENTS

250 g de riz

450 g de chana dhal*

60 g de yaourt

¼ cuillère à café de bicarbonate de sodium

6 piments verts, hachés

1 cm de racine de gingembre, râpée

¼ cuillère à café de coriandre moulue

¼ cuillère à café de cumin moulu

½ cuillère à café de curcuma

Sel au goût

½ noix de coco râpée

150 g de feuilles de coriandre finement hachées

1 cuillère à soupe d'huile végétale raffinée

½ cuillère à café de graines de moutarde

Méthode

- Faire tremper le riz et le dhal ensemble pendant 6 heures. Broyer grossièrement.
- Ajoutez le yaourt et le bicarbonate de soude. Bien mélanger. Laissez lever la pâte pendant 6 à 8 heures.
- Ajoutez les piments verts, le gingembre, la coriandre moulue, le cumin moulu, le curcuma et le sel à la pâte. Bien mélanger.
- Verser dans un moule à cake rond de 20 cm. Faire bouillir la pâte pendant 10 minutes.
- Refroidissez et coupez en morceaux carrés. Saupoudrez-les de feuilles de noix de coco râpée et de coriandre. Étagère.
- Chauffer l'huile dans une casserole. Ajoutez les graines de moutarde. Laissez-les égoutter pendant 15 secondes.
- Versez sur les dhoklas. Il est servi chaud.

Allez

(Crêpe au riz et lentilles)

12 maintenant

INGRÉDIENTS

125 g de riz

75 g/2½ oz d'urad dhal*

75 g de chana dhal*

75 g/2½ oz de masoor dhal*

75g/2½oz Mungo Dhal*

6 piments rouges

Sel au goût

240 ml d'eau

Huile végétale raffinée pour graisser

Méthode

- Faire tremper le riz avec le dhal entier pendant la nuit.
- Égoutter le mélange et ajouter les piments rouges, le sel et l'eau. Broyer jusqu'à consistance lisse.
- Beurrer et chauffer une poêle plate. Étalez dessus 3 cuillères à soupe de pâte. Couvrir et cuire à feu moyen pendant 2-3 minutes. Retourner et cuire l'autre face.
- Retirez délicatement avec une spatule. Répétez pour le reste de la pâte. Il est servi chaud.

Dhokla à deux étages

(gâteau cuit à la vapeur à deux étages)

faire 20

INGRÉDIENTS

500 g de riz

300 g de haricots verts*

75 g/2½ oz d'urad dhal*

75 g de chana dhal*

75 g/2½ oz de masoor dhal*

2 piments verts

500 g de yaourt

1 cuillère à café de poudre de chili

½ cuillère à café de curcuma

Sel au goût

115 g de chutney à la menthe

Méthode

- Mélangez le riz et les haricots urad. Faire tremper toute la nuit.
- Mélangez tout le dhal. Faire tremper toute la nuit.
- Égouttez et broyez séparément le mélange de riz et le mélange de dhal. Étagère.
- Mélangez le poivron vert, le yaourt, la poudre de chili, le curcuma et le sel. Ajoutez la moitié de ce mélange au mélange de riz et ajoutez le reste au mélange de dhal. Laissez infuser 6 heures.
- Beurrer un moule à cake rond de 20 cm. Versez le mélange de riz. Verser le chutney de menthe sur le mélange de riz. Versez sur le mélange de dhal.
- Cuire à la vapeur pendant 7 à 8 minutes. Hachez et servez chaud.

Ulundu Vada

(Snack de beignets frits)

12 maintenant

INGRÉDIENTS

600 g/1 lb 5 oz d'urad dhal*, trempé toute la nuit et égoutté

4 piments verts, finement hachés

Sel au goût

3 cuillères à soupe d'eau

Huile végétale raffinée pour la friture

Méthode

- Broyez le dhal avec des piments verts, du sel et de l'eau.
- Façonnez le mélange en beignets.
- Chauffer l'huile dans une casserole. Ajoutez les vadas et faites frire à feu moyen jusqu'à ce qu'ils brunissent.
- Égoutter sur du papier absorbant. Servir chaud avec un chutney de noix de coco

Oued Bhakar

(Tourbillon de farine épicée)

Vous en portez 4

INGRÉDIENTS

500g/1lb de 2oz de besan*

175 g de farine complète

Sel au goût

Une pincée d'asafoetida

120 ml d'huile végétale raffinée chaude et un peu pour la friture

100 g de noix de coco sèche

1 cuillère à café de graines de sésame

1 cuillère à café de graines de pavot

Une pincée de sucre

1 cuillère à café de poudre de chili

25 g/1 oz de petites feuilles de coriandre finement hachées

1 cuillère à soupe de pâte de tamarin

Méthode

- Pétrir la farine, la farine, le sel, l'asafoetida, l'huile chaude et suffisamment d'eau pour former une pâte ferme. Étagère.

- Faites griller la noix de coco, les graines de sésame et les graines de pavot pendant 3 à 5 minutes. Il est réduit en poudre.
- Ajouter le sucre, le sel, la poudre de chili, les feuilles de coriandre et la pâte de tamarin à la poudre et bien mélanger pour préparer la garniture. Étagère.
- Divisez la pâte en boules de la taille d'un citron. Roulez chacun en un disque fin.
- Étalez la garniture sur chaque disque afin que la garniture recouvre tout le disque. Roulez chacun dans un cylindre serré. Scellez les bords avec un peu d'eau.
- Coupez les cylindres en tranches pour créer des formes de roues.
- Chauffer l'huile dans une casserole. Ajoutez les rouleaux et faites-les frire à feu moyen jusqu'à ce qu'ils deviennent croustillants.
- Égoutter sur du papier absorbant. Conserver dans un contenant hermétique une fois refroidi.

REMARQUE : Ceux-ci peuvent être conservés pendant deux semaines.

Chat mangaloréen

Vous en portez 4

INGRÉDIENTS

75 g de chana dhal*

240 ml d'eau

Sel au goût

Une grosse pincée de bicarbonate de soude

2 grosses pommes de terre, hachées finement et bouillies

350 g de yaourt frais

2 cuillères à soupe de sucre cristallisé

4 cuillères à soupe d'huile végétale raffinée

1 cuillère à soupe de feuilles de fenugrec séchées

1 cuillère à café de pâte de gingembre

1 cuillère à café de pâte d'ail

2 piments verts

1 cuillère à café de cumin moulu, torréfié à sec

1 cuillère à café de garam masala

1 cuillère à soupe d'amchoor*

1 cuillère à café de curcuma

½ cuillère à café de poudre de chili

150 g de pois chiches en conserve

1 gros oignon, finement haché

2 cuillères à soupe de feuilles de coriandre finement hachées

Méthode

- Faites cuire le dhal avec de l'eau, du sel et du bicarbonate de soude dans une casserole à feu moyen pendant 30 minutes. Ajoutez plus d'eau si le dhal semble trop sec. Mélangez les pommes de terre avec le mélange de dhal et réservez.
- Battez le yaourt avec le sucre. Placer au congélateur pour refroidir.
- Chauffer l'huile dans une casserole. Ajoutez les feuilles de fenugrec et faites revenir à feu moyen pendant 3-4 minutes.
- Ajouter la pâte de gingembre, la pâte d'ail, les piments verts, le cumin moulu, le garam masala, l'amchoor, le curcuma et la poudre de piment. Faites frire pendant 2-3 minutes en remuant continuellement.
- Ajoutez les pois chiches. Laisser mijoter 5 minutes en remuant continuellement. Ajouter le mélange de dhal et bien mélanger.
- Retirer du feu et étaler le mélange sur une assiette de service.
- Versez dessus le yaourt sucré.
- Saupoudrer d'oignons et de feuilles de coriandre. Sers immédiatement.

Pani puri

avoir 30 ans

INGRÉDIENTS
Pour les purs :

175 g de farine blanche

100 g de semoule

Sel au goût

Huile végétale raffinée pour la friture

Pour le remplissage:

50 g de haricots mungo germés

150 g de pois chiches germés

Sel au goût

2 grosses pommes de terre bouillies et écrasées

Pour le chignon :

2 cuillères à soupe de pâte de tamarin

100 g de feuilles de coriandre finement hachées

1½ cuillères à café de cumin moulu, torréfié à sec

2 à 4 piments verts, finement hachés

2,5 cm de racine de gingembre

Gros sel au goût

240 ml d'eau

Méthode

- Mélangez tous les ingrédients purs sauf l'huile avec suffisamment d'eau pour former une pâte ferme.
- On le roule en petites purées de 5 cm de diamètre.
- Faites chauffer l'huile dans une poêle. Faire frire jusqu'à ce qu'ils soient dorés. Étagère.
- Pour la garniture, faites bouillir les haricots mungo germés et les pois chiches avec du sel. Mélanger avec des pommes de terre. Étagère.
- Pour le pani, broyez tous les ingrédients du pani ensemble sauf l'eau.
- Ajoutez ce mélange à l'eau. Mélangez bien et mettez de côté.
- Pour servir, faites un trou dans chaque puri et remplissez-le de garniture. Versez 3 cuillères à soupe de chapelure dans chacun et servez aussitôt.

Épinards farcis aux œufs

Vous en portez 4

INGRÉDIENTS

200 g d'épinards

Une pincée de bicarbonate de soude

1 cuillère à soupe d'huile végétale raffinée

1 cuillère à café de graines de cumin

6 gousses d'ail, émincées

2 piments verts, hachés

Sel au goût

8 œufs durs, coupés en deux dans le sens de la longueur

1 cuillère à soupe de beurre clarifié

1 oignon, finement haché

1 pouce de racine de gingembre, hachée

Méthode

- Mélangez les épinards avec le bicarbonate de soude. Cuire à la vapeur jusqu'à tendreté. Broyer et réserver.
- Chauffer l'huile dans une casserole. Quand il commence à fumer, ajoutez les graines de cumin, l'ail et le piment. Faire revenir quelques secondes. Ajoutez les épinards cuits à la vapeur et le sel.
- Couvrir avec un couvercle et cuire jusqu'à ce qu'il soit sec. Étagère.
- Retirez les jaunes des œufs. Ajouter les jaunes d'œufs au mélange d'épinards. Bien mélanger.
- Verser le mélange d'œufs et d'épinards dans les blancs d'œufs. Étagère.
- Faites chauffer le ghee dans une petite poêle. Faire revenir l'oignon et le gingembre jusqu'à ce qu'ils soient dorés.
- Saupoudrer sur les œufs. Il est servi chaud.

Sada-Dosa

(Crêpe de riz salée)

maintenant 15

INGRÉDIENTS

100 g de riz bouilli

75 g/2½ oz d'urad dhal*

½ cuillère à café de graines de fenugrec

½ cuillère à café de bicarbonate de sodium

Sel au goût

125 g de yaourt battu

60 ml d'huile végétale raffinée

Méthode

- Faire tremper le riz et le dhal avec les graines de fenugrec pendant 7 à 8 heures.
- Égouttez et réduisez le mélange en une pâte granuleuse.
- Ajoutez le bicarbonate de soude et le sel. Bien mélanger.
- Laisser fermenter pendant 8 à 10 heures.
- Ajoutez du yaourt pour faire la pâte. Cette pâte doit être suffisamment épaisse pour couvrir une cuillère. Ajoutez un peu d'eau si nécessaire. Étagère.

- Beurrer et chauffer une poêle plate. Étalez dessus une cuillerée de pâte pour obtenir une crêpe fine. Versez dessus 1 cuillère à café d'huile. Cuire jusqu'à ce qu'il devienne croustillant. Répéter pour le reste de la pâte et servir chaud.

Samoussa aux pommes de terre

(Salut de pomme de terre)

faire 20

INGRÉDIENTS

175 g de farine blanche

Pointe de couteau à sel

5 cuillères à soupe d'huile végétale raffinée et un peu pour la friture

100 ml d'eau

1 cm de racine de gingembre, râpée

2 piments verts, finement hachés

2 gousses d'ail, hachées finement

½ cuillère à café de coriandre moulue

1 gros oignon, finement haché

2 grosses pommes de terre bouillies et écrasées

1 cuillère à soupe de feuilles de coriandre finement hachées

1 cuillère à soupe de jus de citron

½ cuillère à café de curcuma

1 cuillère à café de poudre de chili

½ cuillère à café de garam masala

Sel au goût

Méthode

- Mélangez la farine avec le sel, 2 cuillères à soupe d'huile et l'eau. Pétrir pour obtenir une pâte élastique. Couvrir d'un linge humide et laisser reposer 15 à 20 minutes.
- Pétrissez à nouveau la pâte. Couvrir d'un linge humide et réserver.
- Pour la garniture, faites chauffer 3 cuillères à soupe d'huile dans une poêle. Ajoutez le gingembre, les piments verts, l'ail et la coriandre moulue. Faire revenir une minute à feu moyen en remuant constamment.
- Ajouter l'oignon et faire revenir jusqu'à ce qu'il soit doré.
- Ajouter les pommes de terre, les feuilles de coriandre, le jus de citron, le curcuma, la poudre de piment, le garam masala et le sel. Bien mélanger.
- Cuire à feu doux pendant 4 minutes en remuant de temps en temps. Étagère.
- Pour réaliser des samosas, divisez la pâte en 10 boules. Il est roulé en disques de 12 cm de diamètre. Coupez chaque disque en 2 demi-lunes.
- Passez un doigt mouillé le long du diamètre d'un croissant. Rassemblez les extrémités pour former un cône.
- Versez la garniture dans le cornet et scellez en pressant les bords ensemble. Répétez l'opération pour toutes les demi-lunes.

- Faites chauffer l'huile dans une poêle. Faites frire les samosas, cinq à la fois, à feu doux jusqu'à ce qu'ils soient dorés. Égoutter sur du papier absorbant.
- Servir chaud avec un chutney à la menthe

Kachori chaud

(Dumplings frits fourrés aux lentilles)

maintenant 15

INGRÉDIENTS

250 g de farine blanche nature plus 1 cuillère à soupe pour les patchs

5 cuillères à soupe d'huile végétale raffinée et un peu pour la friture

Sel au goût

1,4 litre/2½ litres d'eau plus 1 cuillère pour le patch

300 g de dhal mungo*, laisser tremper pendant 30 minutes

½ cuillère à café de coriandre moulue

½ cuillère à café de fenouil moulu

½ cuillère à café de graines de cumin

½ cuillère à café de graines de moutarde

2-3 pointes d'asafoetida

1 cuillère à café de garam masala

1 cuillère à café de poudre de chili

Méthode

- Mélangez 250 g de farine avec 3 cuillères à soupe d'huile, du sel et 100 ml d'eau. Pétrissez jusqu'à obtenir une pâte souple et souple. Laisser reposer 30 minutes.
- Pour réaliser la garniture, faites cuire le dhal avec le reste d'eau dans une casserole à feu moyen pendant 45 minutes. Égoutter et réserver.
- Faites chauffer 2 cuillères à soupe d'huile dans une casserole. Quand il commence à fumer, ajoutez la coriandre moulue, le fenouil, les graines de cumin, les graines de moutarde, l'asafoetida, le garam masala, la poudre de piment et le sel. Laissez-les grésiller pendant 30 secondes.
- Ajoutez le dhal cuit. Bien mélanger et faire frire pendant 2-3 minutes en remuant continuellement.
- Refroidissez le mélange de dhal et divisez-le en 15 boules de la taille d'un citron. Étagère.
- Mélangez 1 cuillère à soupe de farine avec 1 cuillère à soupe d'eau pour obtenir une pâte à plâtre. Étagère.
- Divisez la pâte en 15 boules. Il est roulé en disques de 12 cm de diamètre.
- Déposez 1 cuillère à soupe de garniture au centre d'un disque. Sceller comme un sac.
- Aplatissez délicatement en le pressant entre vos paumes. Répétez l'opération pour les disques restants.
- Faites chauffer l'huile dans une casserole jusqu'à ce qu'elle commence à fumer. Faites frire les disques jusqu'à ce qu'ils soient dorés au fond. Tournez et répétez.
- Si un kachori se brise pendant la friture, scellez-le avec de la pâte à patch.

- Égoutter sur du papier absorbant. Servir chaud avec un chutney à la menthe

Khandvi

(Rouleau Besan)

Pour 10-15

INGRÉDIENTS

60 g de haricots*

60 g de yaourt

120 ml d'eau

1 cuillère à café de curcuma

Sel au goût

5 cuillères à soupe d'huile végétale raffinée

1 cuillère à soupe de noix de coco fraîche râpée

1 cuillère à soupe de feuilles de coriandre finement hachées

½ cuillère à café de graines de moutarde

2 pincées d'asafoetida

8 feuilles de curry

2 piments verts, finement hachés

1 cuillère à café de graines de sésame

Méthode

- Mélangez les haricots, le yaourt, l'eau, le curcuma et le sel.
- Faites chauffer 4 cuillères à soupe d'huile dans une poêle. Ajouter le mélange de besan et cuire en remuant constamment pour éviter la formation de grumeaux.
- Cuire jusqu'à ce que le mélange quitte les parois de la poêle. Étagère.
- Beurrer deux poêles antiadhésives de 15 x 35 cm. Versez le mélange de haricots et nivelez avec une spatule. Laissez reposer 10 minutes.
- Coupez le mélange en bandes de 5 cm de large. Roulez soigneusement chaque bande.
- Disposez les rouleaux sur une assiette de service. Saupoudrer la surface de feuilles de noix de coco râpées et de coriandre. Étagère.
- Faites chauffer 1 cuillère à soupe d'huile dans une petite casserole. Ajoutez les graines de moutarde, l'asafoetida, les feuilles de curry, les piments et les graines de sésame. Laissez-les égoutter pendant 15 secondes.
- Je verse immédiatement cela sur les petits pains besan. Servez chaud ou à température ambiante.

Places de la Mecque

(carrés de maïs)

12 maintenant

INGRÉDIENTS

2 cuillères à café de beurre clarifié

100 g de grains de maïs moulus

Sel au goût

125 g de petits pois bouillis

3 cuillères à soupe d'huile végétale raffinée

8 piments verts, finement hachés

½ cuillère à café de graines de cumin

½ cuillère à café de graines de moutarde

½ cuillère à café de pâte d'ail

½ cuillère à soupe de coriandre moulue

½ cuillère à soupe de cumin moulu

175 g de farine de maïs

175 g de farine complète

150 ml d'eau

Méthode

- Faites chauffer le ghee dans une casserole. Lorsqu'il commence à fumer, faites griller le maïs pendant 3 minutes. Étagère.
- Ajoutez du sel aux pois bouillis. Bien écraser les petits pois. Étagère.
- Faites chauffer 2 cuillères à soupe d'huile dans une poêle. Ajoutez les piments verts, le cumin et les graines de moutarde. Laissez-les égoutter pendant 15 secondes.
- Ajouter le maïs rôti, la purée de pois, la pâte d'ail, la coriandre moulue et le cumin moulu. Bien mélanger. Retirer du feu et mettre de côté.
- Mélangez les deux farines. Ajoutez le sel et 1 cuillère à soupe d'huile. Ajoutez de l'eau et travaillez jusqu'à obtenir une pâte molle.
- Étalez 24 formes carrées mesurant chacune 10 x 10 cm/4 x 4 pouces.
- Placer le mélange de maïs et de pois au centre d'un carré et recouvrir d'un autre carré. Appuyez légèrement sur les bords du carré pour sceller.
- Répétez l'opération pour le reste des carrés.
- Beurrer et faire chauffer une poêle. Poêler les carrés jusqu'à ce qu'ils soient dorés.
- Il est servi chaud avec du ketchup.

Dhal Pakwan

(Pain croustillant aux lentilles)

Vous en portez 4

INGRÉDIENTS

600 g de chana dhal*

3 cuillères à soupe d'huile végétale raffinée

1 cuillère à café de graines de cumin

750 ml d'eau

Sel au goût

½ cuillère à café de curcuma

½ cuillère à café d'amchoor*

10 g de feuilles de coriandre finement hachées

Pour le pakwan :

250 g de farine blanche nature

½ cuillère à café de graines de cumin

Sel au goût

Huile végétale raffinée pour la friture

Méthode

- Faites tremper le chana dhal pendant 4 heures. Égoutter et réserver.
- Chauffer l'huile dans une casserole. Ajoutez les graines de cumin. Laissez-les égoutter pendant 15 secondes.
- Ajouter le dhal trempé, l'eau, le sel et le curcuma. Cuire 30 minutes.
- Transférer à une assiette de service. Saupoudrer d'amchoor et de feuilles de coriandre. Étagère.
- Mélangez tous les ingrédients du pakwan, sauf l'huile, avec suffisamment d'eau pour obtenir une pâte ferme.
- Casser en boules de la taille d'une noix. Etalez des disques épais d'un diamètre de 10 cm. Piquez le tout avec une fourchette.
- Faites chauffer l'huile dans une poêle. Faites frire les disques jusqu'à ce qu'ils soient dorés. Égoutter sur du papier absorbant.
- Servir les pakwans avec du dhal chaud.

sev épicé

(Flocons de farine épicés)

Vous en portez 4

INGRÉDIENTS

500g/1lb de 2oz de besan*

1 cuillère à café de graines d'ajowan

1 cuillère à soupe d'huile végétale raffinée et un peu pour la friture

¼ cuillère à café d'asafoetida

Sel au goût

200 ml d'eau

Méthode

- Pétrir le besan avec les graines d'ajowan, l'huile, l'asafoetida, le sel et l'eau pour obtenir une pâte collante.
- Placer la pâte dans une poche à douille.
- Chauffer l'huile dans une casserole. Pressez la pâte à travers la buse en forme de nouilles dans la poêle et faites-la frire doucement des deux côtés.
- Bien égoutter et laisser refroidir avant de conserver.

NOTE:*Il peut être conservé quinze jours.*

Mezzaluna végétarienne farcie

maintenant 6

INGRÉDIENTS

350 g de farine blanche

6 cuillères à soupe d'huile végétale raffinée chaude et un peu pour la friture

Sel au goût

1 tomate, tranchée

Pour le remplissage:

3 cuillères à soupe d'huile végétale raffinée

200 g de petits pois

1 carotte, coupée en julienne

100 g de haricots verts coupés en lanières

4 cuillères à soupe de noix de coco fraîche râpée

3 piments verts

1 pouce de racine de gingembre, écrasée

4 cuillères à café de feuilles de coriandre finement hachées

2 cuillères à café de sucre

2 cuillères à soupe de jus de citron

Sel au goût

Méthode

- Préparez d'abord la garniture. Chauffer l'huile dans une casserole. Ajouter les pois, les carottes et les haricots verts et faire revenir en remuant continuellement jusqu'à ce qu'ils soient tendres.
- Ajouter tous les autres ingrédients de la garniture et bien mélanger. Étagère.
- Mélangez la farine avec l'huile et le sel. Pétrissez jusqu'à obtenir une pâte ferme.
- Divisez la pâte en 6 boules de la taille d'un citron.
- Roulez chaque boule en un disque de 10 cm de diamètre.
- Disposez la garniture aux légumes sur un demi-disque. Pliez l'autre moitié pour recouvrir la garniture et scellez hermétiquement les bords.
- Répétez l'opération pour tous les disques.
- Chauffer l'huile dans une casserole. Ajouter les croissants et faire revenir jusqu'à ce qu'ils soient bien dorés.
- Disposez-les dans un plat de service rond et décorez de tranches de tomates. Sers immédiatement.

Usal Kachori

(Pain frit aux pois chiches)

Vous en portez 4

INGRÉDIENTS
Pour la pâtisserie :

50 g de feuilles de fenugrec finement hachées

175 g de farine complète

2 piments verts, finement hachés

1 cuillère à café de pâte de gingembre

¼ cuillère à café de curcuma

100 ml d'eau

Sel au goût

Pour le remplissage :

1 cuillère à café d'huile végétale raffinée

250 g de haricots mungo, cuits

250 g de pois chiches verts bouillis

¼ cuillère à café de curcuma

½ cuillère à café de poudre de chili

1 cuillère à café de coriandre moulue

1 cuillère à café de cumin moulu

Sel au goût

Pour la sauce:

2 cuillères à soupe d'huile végétale raffinée

2 gros oignons, finement hachés

2 tomates hachées

1 cuillère à café de pâte d'ail

½ cuillère à café de garam masala

¼ cuillère à café de poudre de chili

Sel au goût

Méthode

- Mélangez tous les ingrédients de la pâtisserie. Pétrissez jusqu'à obtenir une pâte ferme. Étagère.
- Pour la garniture, faites chauffer l'huile dans une poêle et faites revenir tous les ingrédients de la garniture à feu moyen pendant 5 minutes. Étagère.
- Pour la sauce, faites chauffer l'huile dans une poêle. Ajouter tous les ingrédients de la sauce. Faites frire pendant 5 minutes en remuant de temps en temps. Étagère.
- Divisez la pâte en 8 portions. Étalez chaque portion en un disque de 10 cm.
- Disposez un peu de garniture au centre d'un disque. Fermer comme un sac et lisser pour former une boule remplie. Répétez l'opération pour tous les disques.

- Faites cuire les boules à la vapeur pendant 15 minutes.
- Ajouter les boulettes de viande à la sauce et mélanger pour enrober. Cuire à feu doux pendant 5 minutes.
- Il est servi chaud.

Dhal Dhokli

(collation salée gujarati)

Vous en portez 4

INGRÉDIENTS
Pour le dhokli :

- 175 g de farine complète
- Une pincée de curcuma
- ¼ cuillère à café de poudre de chili
- ½ cuillère à café de graines d'ajowan
- 1 cuillère à café d'huile végétale raffinée
- 100 ml d'eau

Pour le dhal :

- 2 cuillères à soupe d'huile végétale raffinée
- 3-4 clous de girofle
- 5 cm/2 pouces de cannelle
- 1 cuillère à café de graines de moutarde
- 300 g/10 oz de masoor dhal*, bouilli et réduit en purée
- ½ cuillère à café de curcuma
- Une pincée d'asafoetida

1 cuillère à soupe de pâte de tamarin

2 cuillères à soupe de jaggery râpé*

60 g de cacahuètes

1 cuillère à café de coriandre moulue

1 cuillère à café de cumin moulu

½ cuillère à café de poudre de chili

Sel au goût

25 g/1 oz de petites feuilles de coriandre finement hachées

Méthode

- Mélangez tous les ingrédients du dhokli ensemble. On la pétrit pour former une pâte ferme.
- Divisez la pâte en 5 à 6 boules. Il est roulé en disques épais de 6 cm/2,4 pouces de diamètre. Laissez-le de côté pendant 10 minutes pour durcir.
- Coupez les disques de dhokli en morceaux en forme de losange. Étagère.
- Pour le dhal, faites chauffer l'huile dans une poêle. Ajoutez les clous de girofle, la cannelle et les graines de moutarde. Laissez-les égoutter pendant 15 secondes.
- Ajoutez tous les autres ingrédients du dhal, sauf les feuilles de coriandre. Bien mélanger. Cuire à feu vif jusqu'à ce que le dhal commence à bouillir.
- Ajoutez les morceaux de dhokli au dhal bouillant. Continuez la cuisson à feu doux pendant 10 minutes.
- Garnir de feuilles de coriandre. Il est servi chaud.

Missel

(Collation saine aux haricots germés)

Vous en portez 4

INGRÉDIENTS

3-4 cuillères à soupe d'huile végétale raffinée

½ cuillère à café de graines de moutarde

¼ cuillère à café d'asafoetida

6 feuilles de curry

1 cuillère à café de pâte de gingembre

1 cuillère à café de pâte d'ail

25 g de petites feuilles de coriandre moulues au mixeur

1 cuillère à café de poudre de chili

1 cuillère à café de pâte de tamarin

2 cuillères à soupe de jaggery râpé*

Sel au goût

300 g de haricots mungo germés, cuits

2 grosses pommes de terre, coupées en dés et bouillies

500 ml d'eau

300 g de mélange Bombay*

1 grosse tomate, hachée finement

1 gros oignon, finement haché

25 g/1 oz de petites feuilles de coriandre finement hachées

4 tranches de pain

Pour le mélange d'épices :

1 cuillère à café de graines de cumin

2 cuillères à café de graines de coriandre

2 clous de girofle

3 grains de poivre

¼ cuillère à café de cannelle moulue

Méthode

- Broyez ensemble tous les ingrédients du mélange d'épices. Étagère.
- Chauffer l'huile dans une casserole. Ajouter les graines de moutarde, l'asafoetida et les feuilles de curry. Laissez-les égoutter pendant 2-3 minutes.
- Ajouter la pâte de gingembre, la pâte d'ail, les feuilles de coriandre moulues, la poudre de chili, la pâte de tamarin, le jaggery et le sel. Bien mélanger et cuire 3 à 4 minutes.
- Ajoutez le mélange d'épices moulu. Faire bouillir pendant 2-3 minutes.
- Ajouter les haricots germés, les pommes de terre et l'eau. Bien mélanger et faire bouillir pendant 15 minutes.
- Transférer dans un bol de service et saupoudrer le Bombay Mix, les tomates hachées, les oignons hachés et les feuilles de coriandre.
- Il est servi chaud avec une tranche de pain en accompagnement.

Pandore

(collation Mung Dhal)

12 maintenant

INGRÉDIENTS

1 piment vert, coupé en deux dans le sens de la longueur

Sel au goût

1 cuillère à café de bicarbonate de sodium

¼ cuillère à café d'asafoetida

250 g de dhal mungo entier*, laisser macérer 4 heures

2 cuillères à soupe d'huile végétale raffinée

2 cuillères à café de feuilles de coriandre finement hachées

Méthode

- Ajoutez des piments verts, du sel, du bicarbonate de soude et de l'asafoetida au dhal. Il est réduit en pâte.
- Graisser un moule à gâteau de 20 cm avec de l'huile et y verser la pâte de dhal. Cuire à la vapeur pendant 10 minutes.
- Gardez le mélange de dhal cuit à la vapeur de côté pendant 10 minutes. Une fois refroidi, coupez-le en morceaux de 2,5 cm.

- Garnir de feuilles de coriandre. Servir chaud avec un chutney de noix de coco verte

Ajouter des légumes

(Crêpe aux légumes, riz et lentilles)

maintenant 8

INGRÉDIENTS

100 g de riz bouilli

150 g de masoor dhal*

75 g/2½ oz d'urad dhal*

3-4 piments rouges

¼ cuillère à café d'asafoetida

Sel au goût

4 cuillères à soupe d'eau

1 oignon, finement haché

½ carotte, hachée finement

50 g de chou,

hacher finement 4 à 5 feuilles de curry

10 g de feuilles de coriandre finement hachées

4 cuillères à soupe d'huile végétale raffinée

Méthode

- Faire tremper le riz et le dhal ensemble pendant environ 20 minutes.
- Égoutter et ajouter le poivron rouge, l'asafoetida, le sel et l'eau. Broyer en une pâte grossière.
- Ajouter l'oignon, la carotte, le chou, les feuilles de curry et les feuilles de coriandre. Bien mélanger jusqu'à obtenir une pâte ayant une consistance spongieuse. Ajoutez plus d'eau si la consistance n'est pas bonne.
- Beurrer un plateau plat. Une cuillerée de pâte est versée. Étalez avec le dos d'une cuillère pour obtenir une crêpe fine.
- Versez une demi-cuillère à café d'huile autour de la crêpe. Retourner pour cuire les deux côtés.
- Répétez pour le reste de la pâte. Servir chaud avec un chutney de noix de coco

Épi de maïs épicé

Vous en portez 4

INGRÉDIENTS

8 épis de maïs

Beurre salé au goût

Sel au goût

2 cuillères à café de chaat masala*

2 citrons, coupés en deux

Méthode

- Griller les épis de maïs sur un gril à charbon ou à feu vif jusqu'à ce qu'ils soient entièrement dorés.
- Frottez le beurre, le sel, le chaat masala et les citrons sur chaque épi.
- Sers immédiatement.

Escalopes de légumes mélangés

12 maintenant

INGRÉDIENTS

Sel au goût

¼ cuillère à café de poivre noir moulu

4-5 grosses pommes de terre, bouillies et écrasées

2 cuillères à soupe d'huile végétale raffinée et un peu pour la friture

1 petit oignon, finement haché

½ cuillère à café de garam masala

1 cuillère à café de jus de citron

100 g de mélange de légumes surgelés

2-3 piments verts, finement hachés

50 g de feuilles de coriandre finement hachées

250 g de poudre d'arrow-root

150 ml d'eau

100 g de chapelure

Méthode

- Ajoutez du sel et du poivre noir aux pommes de terre. Bien mélanger et diviser en 12 boules. Étagère.
- Pour la garniture, faites chauffer 2 cuillères à soupe d'huile dans une poêle. Faire revenir l'oignon à feu moyen jusqu'à ce qu'il soit translucide.
- Ajoutez le garam masala, le jus de citron, le mélange de verdure, les piments et les feuilles de coriandre. Bien mélanger et cuire à feu moyen pendant 2-3 minutes. Bien assaisonner et réserver.
- Écrasez les boulettes de pommes de terre avec les paumes huilées.
- Versez un peu du mélange de garniture sur chaque galette de pommes de terre. Sceller pour faire une escalope oblongue. Étagère.
- Mélangez la poudre d'arrow-root avec suffisamment d'eau pour former une pâte fine.
- Faites chauffer l'huile dans une poêle. Trempez les escalopes dans la pâte, roulez-les dans la chapelure et faites-les frire à feu moyen jusqu'à ce qu'elles soient dorées.
- Égoutter et servir chaud.

Idli Upma

(collation de gâteau de riz cuit à la vapeur)

Vous en portez 4

INGRÉDIENTS

5 cuillères à soupe d'huile végétale raffinée

½ cuillère à café de graines de moutarde

½ cuillère à café de graines de cumin

1 cuillère à café d'urad dhal*

2 piments verts, tranchés dans le sens de la longueur

8 feuilles de curry

Une pincée d'asafoetida

¼ cuillère à café de curcuma

8 idlis écrasés

2 cuillères à café de sucre cristallisé

1 cuillère à soupe de feuilles de coriandre finement hachées

Sel au goût

Méthode

- Chauffer l'huile dans une casserole. Ajoutez les graines de moutarde, les graines de cumin, l'urad dhal, les piments verts, les feuilles de curry, l'asafoetida et le curcuma. Laissez-les grésiller pendant 30 secondes.
- Ajoutez les idlis hachés, le sucre cristallisé, la coriandre et le sel. Mélangez délicatement.
- Sers immédiatement.

Dhal Bhajiya

(Boulettes de pain aux lentilles frites)

maintenant 15

INGRÉDIENTS

250/9 oz de dhal mungo*, laisser tremper pendant 2-3 heures

2 piments verts, finement hachés

2 cuillères à soupe de feuilles de coriandre finement hachées

1 cuillère à café de graines de cumin

Sel au goût

Huile végétale raffinée pour la friture

Méthode

- Égoutter le dhal et le broyer grossièrement.
- Ajoutez les piments, les feuilles de coriandre, les graines de cumin et le sel. Bien mélanger.
- Faites chauffer l'huile dans une poêle. Ajoutez de petites portions du mélange de dhal et faites frire à feu moyen jusqu'à ce qu'elles soient dorées.
- Servir chaud avec un chutney à la menthe

Papa Masala

(Poppadoms assaisonnés aux épices)

maintenant 8

INGRÉDIENTS

2 tomates, hachées finement

2 gros oignons, finement hachés

3 piments verts, finement hachés

10 g de feuilles de coriandre hachées

2 cuillères à soupe de jus de citron

1 cuillère à café de chaat masala*

Sel au goût

8 popsSoleil

Méthode

- Mélangez tous les ingrédients, moins les poppadoms, dans un bol.
- Faites frire les poppadoms à feu vif en les retournant de chaque côté. Assurez-vous de ne pas les brûler.
- Étalez le mélange de légumes sur chaque poppadom. Sers immédiatement.

Sandwich aux légumes

maintenant 6

INGRÉDIENTS

12 tranches de pain

50 g de beurre

100 g de chutney à la menthe

1 grosse pomme de terre, bouillie et tranchée finement

1 tomate, tranchée finement

1 gros oignon, tranché finement

1 concombre, tranché finement

Chaat Masala*goût

Sel au goût

Méthode

- Beurrez les tranches de pain et étalez sur chacune une fine couche de chutney à la menthe.
- Disposez une couche de pommes de terre, tomates, oignons et tranches de concombre sur 6 tranches de pain.
- Saupoudrer d'un peu de chaat masala et de sel.
- Garnir avec les tranches de pain restantes et couper comme vous le souhaitez. Sers immédiatement.

Rouleaux de haricots verts germés

maintenant 8

INGRÉDIENTS

175 g de farine complète

2 cuillères à soupe de farine blanche

½ cuillère à café de sucre cristallisé

75 ml d'eau

50 g de petits pois surgelés

25 g / peu 1 oz de haricots mungo germés

2 cuillères à soupe d'huile végétale raffinée

50 g d'épinards finement hachés

1 petite tomate, hachée finement

1 petit oignon, finement haché

30 g de feuilles de chou finement hachées

1 cuillère à café de cumin moulu

1 cuillère à café de coriandre moulue

¼ cuillère à café de pâte de gingembre

¼ cuillère à café de pâte d'ail

60 ml de crème

Sel au goût

750 g/1 lb 10 oz de yaourt

Méthode

- Mélangez la farine complète, la farine blanche, le sucre et l'eau. Pétrissez jusqu'à obtenir une pâte ferme. Étagère.
- Faire bouillir les pois et les haricots mungo dans un minimum d'eau. Égoutter et réserver.
- Chauffer l'huile dans une casserole. Ajouter les épinards, les tomates, l'oignon et le chou. Faites frire en remuant de temps en temps jusqu'à ce que la tomate devienne pulpeuse.
- Ajouter le mélange de pois et de haricots mungo ainsi que tous les autres ingrédients sauf la pâte. Cuire à feu moyen jusqu'à ce qu'il soit sec. Étagère.
- Réalisez de fines chapatis avec la pâte.
- Sur un côté de chaque chapatti, déposer le mélange cuit dans le sens de la longueur au centre et rouler. Servir avec du chutney à la menthe et du yaourt.

Sandwich au chutney

maintenant 6

INGRÉDIENTS

12 tranches de pain

½ cuillère à café de beurre

6 cuillères à soupe de chutney à la menthe

4 tomates, tranchées

Méthode

- Beurrez toutes les tranches de pain. Étalez le chutney de menthe sur 6 tranches.
- Disposez les tomates cerises sur le chutney de menthe et recouvrez d'une autre tranche beurrée. Sers immédiatement.

Chatpata Gobhi

(snack épicé au chou-fleur)

Vous en portez 4

INGRÉDIENTS

500 g/1 livre. fleurons de chou-fleur

Sel au goût

1 cuillère à café de poivre noir moulu

1 cuillère à soupe d'huile végétale raffinée

1 cuillère à soupe de jus de citron

Méthode

- Faire bouillir les bouquets de chou-fleur pendant 10 minutes. Laisser refroidir.
- Mélangez bien les bouquets cuits à la vapeur avec les autres ingrédients. Étalez le chou-fleur sur une plaque à pâtisserie allant au four et faites-le griller pendant 5 à 7 minutes ou jusqu'à ce qu'il soit doré. Il est servi chaud.

Sabudana Vada

(escalope de sagou)

12 maintenant

INGRÉDIENTS

300 g de sagou

125 g de cacahuètes grillées et hachées grossièrement

2 grosses pommes de terre bouillies et écrasées

5 piments verts, hachés

Sel au goût

Huile végétale raffinée pour la friture

Méthode

- Faire tremper le sagou pendant 5 heures. Bien égoutter et laisser reposer 3 à 4 heures.
- Mélangez le sagou avec tous les ingrédients sauf l'huile. Bien mélanger.
- Beurrez vos paumes et réalisez douze galettes avec le mélange.
- Faites chauffer l'huile dans une poêle. Faites frire 3-4 boulettes de viande à feu moyen jusqu'à ce qu'elles soient dorées.
- Égoutter sur du papier absorbant. Servir chaud avec un chutney de menthe.

Pain Upma

(collation avec du pain)

Vous en portez 4

INGRÉDIENTS

2 cuillères à soupe d'huile végétale raffinée

½ cuillère à café de graines de moutarde

½ cuillère à café de graines de cumin

3 piments verts, tranchés dans le sens de la longueur

½ cuillère à café de curcuma

¼ cuillère à café d'asafoetida

2 oignons, finement hachés

2 tomates, hachées finement

Sel au goût

2 cuillères à café de sucre

3-4 cuillères à soupe d'eau

15 tranches de pain coupées en petits morceaux

1 cuillère à soupe de feuilles de coriandre hachées

Méthode

- Faites chauffer l'huile dans une poêle. Ajoutez les graines de moutarde, les graines de cumin, les piments verts, le curcuma et l'asafoetida. Laissez-les égoutter pendant 15 secondes.
- Ajouter l'oignon et faire revenir jusqu'à ce qu'il soit translucide. Ajoutez les tomates, le sel, le sucre et l'eau. Porter à ébullition à feu moyen.
- Ajoutez le pain et mélangez bien. Faire bouillir pendant 2-3 minutes en remuant de temps en temps.
- Garnir de feuilles de coriandre. Il est servi chaud.

Khaja épicé

(Dumplings épicés au gingembre)

Donne 25-30

INGRÉDIENTS

500g/1lb de 2oz de besan*

85 g de farine blanche

2 cuillères à café de poudre de chili

½ cuillère à café de graines d'ajowan

½ cuillère à café de graines de cumin

1 cuillère à soupe de feuilles de coriandre hachées

Sel au goût

200 ml d'eau

1 cuillère à soupe d'huile végétale raffinée et un peu pour la friture

Méthode

- Mélangez tous les ingrédients sauf l'huile de friture pour obtenir une pâte molle.

- Réalisez 25 à 30 boules de 10 cm de diamètre. Piquez le tout avec une fourchette.

- Laissez sécher sur un chiffon propre pendant 25 à 30 minutes.

- Faire frire jusqu'à ce qu'ils soient dorés. Égoutter, réfrigérer et conserver jusqu'à 15 jours.

Pommes de terre croustillantes

Vous en portez 4

INGRÉDIENTS

500 g de yaourt grec

1 cuillère à café de pâte de gingembre

1 cuillère à café de pâte d'ail

1 cuillère à café de garam masala

1 cuillère à café de cumin moulu, torréfié à sec

1 cuillère à soupe de feuilles de menthe hachées

½ cuillère à café de feuilles de coriandre hachées

Sel au goût

2 cuillères à soupe d'huile végétale raffinée

4-5 pommes de terre pelées et coupées en julienne

Méthode

- Fouettez le yaourt dans un bol. Ajouter tous les ingrédients sauf l'huile et les pommes de terre. Bien mélanger.

- Faites mariner les pommes de terre avec le yaourt pendant 3 à 4 heures au réfrigérateur.

- Versez l'huile dans une poêle antiadhésive et déposez dessus les pommes de terre marinées.

- Griller 10 minutes. Retourner les pommes de terre et les faire griller encore 8 à 10 minutes jusqu'à ce qu'elles soient croustillantes. Il est servi chaud.

Dhal Vada

(boulettes de lentilles frites mélangées)

maintenant 15

INGRÉDIENTS

300 g de masoor dhal entier*

150 g de masoor dhal*

1 gros oignon, finement haché

2,5 cm de racine de gingembre, finement hachée

3 piments verts, finement hachés

¼ cuillère d'asafoetida

Sel au goût

Huile végétale raffinée pour la friture

Méthode

- Mélangez les dhals ensemble. Mettez-le dans une passoire et versez-y de l'eau. Prévoyez une heure. Sécher avec une serviette.

- Broyez les dhals en une pâte. Ajouter tous les autres ingrédients sauf l'huile. Bien mélanger et façonner le mélange en boulettes de viande.

- Faites chauffer l'huile dans une poêle. Faites frire les boulettes de viande à feu moyen jusqu'à ce qu'elles soient dorées. Servir chaud avec un chutney à la menthe

Crevettes frites en pâte

Vous en portez 4

INGRÉDIENTS

250 g de crevettes nettoyées

250 g de faisan*

2 piments verts, finement hachés

1 cuillère à café de poudre de chili

1 cuillère à café de curcuma

1 cuillère à café de coriandre moulue

1 cuillère à café de cumin moulu

½ cuillère à café d'amchoor*

1 petit oignon, râpé

¼ cuillère à café de bicarbonate de sodium

Sel au goût

Huile végétale raffinée pour la friture

Méthode

- Mélangez tous les ingrédients sauf l'huile avec suffisamment d'eau pour obtenir une pâte épaisse.
- Faites chauffer l'huile dans une poêle. Versez quelques cuillerées de pâte et laissez-la ramollir à feu moyen jusqu'à ce qu'elle soit dorée de tous les côtés.
- Répétez l'opération pour le reste de la pâte. Il est servi chaud.

Maquereau à la sauce tomate

Vous en portez 4

INGRÉDIENTS

1 cuillère à soupe d'huile végétale raffinée

2 gros oignons, finement hachés

2 tomates, hachées finement

1 cuillère à soupe de pâte de gingembre

1 cuillère à soupe de pâte d'ail

1 cuillère à café de poudre de chili

½ cuillère à café de curcuma

8 kokums séchés*

2 piments verts, tranchés

Sel au goût

4 gros maquereaux, pelés et coupés en filets

120 ml d'eau

Méthode

- Chauffer l'huile dans une casserole. Faites revenir l'oignon à feu moyen jusqu'à ce qu'il brunisse. Ajouter tous les autres ingrédients sauf le poisson et l'eau. Bien mélanger et cuire 5 à 6 minutes.
- Ajoutez le poisson et l'eau. Bien mélanger. Cuire 15 minutes et servir chaud.

Konju Ullaruathu

(Scampis au Masala Rouge)

Vous en portez 4

INGRÉDIENTS

120 ml d'huile végétale raffinée

1 gros oignon, finement haché

5 cm de racine de gingembre, finement tranchée

12 gousses d'ail, hachées finement

2 cuillères à soupe de piments verts finement hachés

8 feuilles de curry

2 tomates, hachées finement

1 cuillère à café de curcuma

2 cuillères à café de coriandre moulue

1 cuillère à café de fenouil moulu

600 g de langoustines pelées et déveinées

3 cuillères à café de poudre de chili

Sel au goût

1 cuillère à café de garam masala

Méthode

- Chauffer l'huile dans une casserole. Ajoutez l'oignon, le gingembre, l'ail, le poivron vert et les feuilles de curry et faites revenir à feu moyen pendant 1 à 2 minutes.
- Ajouter tous les autres ingrédients sauf le garam masala. Bien mélanger et cuire à feu doux pendant 15 à 20 minutes.
- Saupoudrer de garam masala et servir chaud.

Curry de manga Chemeen

(Curry de Crevettes à la Mangue Verte)

Vous en portez 4

INGRÉDIENTS

200 g de noix de coco fraîche, râpée

1 cuillère à soupe de poudre de chili

2 gros oignons, finement hachés

3 cuillères à soupe d'huile végétale raffinée

2 piments verts, hachés

1 pouce de racine de gingembre, tranchée finement

Sel au goût

1 cuillère à café de curcuma

1 petite mangue non mûre, coupée en dés

120 ml d'eau

750 g de crevettes tigrées, décortiquées et désossées

1 cuillère à café de graines de moutarde

10 feuilles de curry

2 piments rouges entiers

4-5 échalotes, tranchées

Méthode

- Broyer ensemble la noix de coco, la poudre de chili et la moitié de l'oignon. Étagère.
- Faites chauffer la moitié de l'huile dans une casserole. Faire revenir l'oignon restant avec le poivron vert, le gingembre, le sel et le curcuma à feu doux pendant 3-4 minutes.
- Ajouter la pâte de noix de coco, la mangue non mûre et l'eau. Faire bouillir pendant 8 minutes.
- Ajoutez les crevettes. Cuire 10 à 12 minutes et réserver.
- Faites chauffer le reste de l'huile. Ajoutez les graines de moutarde, les feuilles de curry, les piments et les échalotes. Frire pendant une minute. Ajoutez ce mélange aux crevettes et servez chaud.

Macchi frits simples

(Poisson frit aux épices)

Vous en portez 4

INGRÉDIENTS

8 filets de poisson blanc ferme comme le cabillaud

¾ cuillère à café de curcuma

½ cuillère à café de poudre de chili

1 cuillère à café de jus de citron

250 ml d'huile végétale raffinée

2 cuillères à soupe de farine blanche

Méthode

- Faites mariner le poisson dans le curcuma, la poudre de chili et le jus de citron pendant 1 heure.
- Faites chauffer l'huile dans une poêle. Enrober le poisson de farine et faire revenir à feu moyen pendant 3-4 minutes. Retourner et faire frire pendant 2-3 minutes. Il est servi chaud.

Machher Kalia

(Poisson en sauce riche)

Vous en portez 4

INGRÉDIENTS

1 cuillère à café de graines de coriandre

2 cuillères à café de graines de cumin

1 cuillère à café de poudre de chili

1 pouce de racine de gingembre, pelée

250 ml d'eau

120 ml d'huile végétale raffinée

500 g de filets de truite, décortiqués

3 feuilles de laurier

1 gros oignon, finement haché

4 gousses d'ail, hachées finement

4 piments verts, tranchés

Sel au goût

1 cuillère à café de curcuma

2 cuillères à soupe de yaourt

Méthode

- Broyez les graines de coriandre, les graines de cumin, la poudre de piment et le gingembre avec suffisamment d'eau pour former une pâte épaisse. Étagère.

- Chauffer l'huile dans une casserole. Ajoutez le poisson et faites cuire à feu moyen pendant 3 à 4 minutes. Tournez et répétez. Égoutter et réserver.

- Ajouter les feuilles de laurier, l'oignon, l'ail et le poivron vert à la même huile. Faire frire pendant 2 minutes. Ajoutez les autres ingrédients, le poisson frit et les pâtes. Bien mélanger et faire bouillir pendant 15 minutes. Il est servi chaud.

Poisson frit à l'oeuf

Vous en portez 4

INGRÉDIENTS

500 g de Saint-Pierre, décortiqué et coupé en filets

Jus de 1 citron

Sel au goût

2 oeufs

1 cuillère à soupe de farine blanche

½ cuillère à café de poivre noir moulu

1 cuillère à café de poudre de chili

250 ml d'huile végétale raffinée

100 g de chapelure

Méthode

- Faites mariner le poisson dans le jus de citron et le sel pendant 4 heures.
- Battez les œufs avec la farine, le poivre et la poudre de piment.
- Faites chauffer l'huile dans une poêle. Trempez le poisson mariné dans le mélange d'œufs, roulez-le dans la chapelure et faites-le frire à feu doux jusqu'à ce qu'il soit doré. Il est servi chaud.

Lau Chingri

(Crevettes à la citrouille)

Vous en portez 4

INGRÉDIENTS

250 g de crevettes nettoyées

500 g de citrouille, coupée en dés

2 cuillères à soupe d'huile de moutarde

¼ cuillère à café de graines de cumin

1 feuille de laurier

½ cuillère à café de curcuma

1 cuillère à soupe de coriandre moulue

¼ cuillère à café de sucre

1 cuillère à soupe de lait

Sel au goût

Méthode

- Faites bouillir les crevettes et le potiron pendant 15 à 20 minutes. Étagère.
- Chauffer l'huile dans une casserole. Ajoutez les graines de cumin et le laurier. Faites frire pendant 15 secondes. Ajouter le curcuma et la coriandre moulue. Faire frire à feu moyen pendant 2-3 minutes. Ajouter le sucre, le lait, le sel, les crevettes et le potiron cuits à la vapeur. Cuire 10 minutes. Il est servi chaud.

Poisson tomate

Vous en portez 4

INGRÉDIENTS

2 cuillères à soupe de farine blanche

1 cuillère à café de poivre noir moulu

500 g de zeste de citron, pelé et tranché

3 cuillères à soupe de beurre

2 feuilles de laurier

1 petit oignon, râpé

6 gousses d'ail, hachées finement

2 cuillères à soupe de jus de citron

6 cuillères à soupe de soupe de poisson

150 g de purée de tomates

Sel au goût

Méthode

- Mélangez la farine et le poivre ensemble. Trempez le poisson dans le mélange.
- Faites chauffer le beurre dans une poêle. Faites frire le poisson à feu moyen jusqu'à ce qu'il soit doré. Égoutter et réserver.
- Dans le même beurre, faire revenir les feuilles de laurier, l'oignon et l'ail à feu moyen pendant 2-3 minutes. Ajoutez le poisson frit et tous les autres ingrédients. Bien mélanger et cuire 20 minutes. Il est servi chaud.

Chingri Machher Kalia

(Curry de crevettes riche)

Vous en portez 4

INGRÉDIENTS

24 grosses crevettes décortiquées et déveinées

½ cuillère à café de curcuma

Sel au goût

250 ml d'eau

3 cuillères à soupe d'huile de moutarde

2 gros oignons, finement râpés

6 piments rouges séchés, moulus

2 cuillères à soupe de feuilles de coriandre finement hachées

Méthode

- Faites cuire les crevettes avec le curcuma, le sel et l'eau dans une casserole à feu moyen pendant 20-25 minutes. Étagère. Ne jetez pas l'eau.
- Chauffer l'huile dans une casserole. Ajouter l'oignon et le poivron rouge et cuire à feu moyen pendant 2-3 minutes.
- Ajouter les crevettes bouillies et l'eau réservée. Bien mélanger et cuire 20 à 25 minutes. Garnir de feuilles de coriandre. Il est servi chaud.

Poisson Tikka Kebab

Vous en portez 4

INGRÉDIENTS

1 cuillère à soupe de vinaigre de malt

1 cuillère à soupe de yaourt

1 cuillère à café de pâte de gingembre

1 cuillère à café de pâte d'ail

2 piments verts, finement hachés

1 cuillère à café de garam masala

1 cuillère à café de cumin moulu

1 cuillère à café de poudre de chili

Une touche de colorant alimentaire orange

Sel au goût

675 g de lotte décortiquée et coupée en filets

Méthode

- Mélangez tous les ingrédients sauf le poisson. Faites mariner le poisson avec ce mélange pendant 3 heures.
- Disposez le poisson mariné sur des brochettes et faites-le griller pendant 20 minutes. Il est servi chaud.

Boulettes de légumes

12 maintenant

INGRÉDIENTS

2 cuillères à soupe de poudre d'arrow-root

4-5 grosses pommes de terre, bouillies et râpées

1 cuillère à soupe d'huile végétale raffinée et un peu pour la friture

Pansement de 125 g*

25 g / un peu de noix de coco fraîche râpée

4-5 noix de cajou

3-4 raisins secs

125 g de petits pois surgelés, cuits

2 cuillères à café de graines de grenade séchées

2 cuillères à café de coriandre grossièrement moulue

1 cuillère à café de graines de fenouil

½ cuillère à café de poivre noir moulu

½ cuillère à café de poudre de chili

1 cuillère à café d'amchoor*

½ cuillère à café de gros sel

Sel au goût

Méthode

- Mélangez l'arrow-root, les pommes de terre et 1 cuillère à soupe d'huile. Étagère.

- Pour réaliser la garniture, mélangez les autres ingrédients sauf l'huile.

- Divisez la pâte de pommes de terre en galettes rondes. Placez une cuillerée de garniture au centre de chaque pain. Fermez-les comme un sac et aplatissez-les.

- Faites chauffer le reste de l'huile dans une casserole. Faites frire les boulettes de viande à feu doux jusqu'à ce qu'elles soient dorées. Il est servi chaud.

Haricots germés Bhel

(Savoureuse collation aux haricots germés)

Vous en portez 4

INGRÉDIENTS

100 g de haricots mungo germés, cuits

250 g de kaala chana*, bouilli

3 grosses pommes de terre bouillies et hachées

2 grosses tomates, hachées finement

1 oignon de taille moyenne, haché

Sel au goût

Pour la garniture :

2 cuillères à soupe de chutney à la menthe

2 cuillères à soupe de chutney de mangue sucré et tiède

4-5 cuillères à soupe de yaourt

100 g de pommes de terre sautées, écrasées

10 g de feuilles de coriandre hachées

Méthode

- Mélangez tous les ingrédients sauf ceux de la garniture.
- Garnir dans l'ordre dans lequel les ingrédients sont indiqués. Sers immédiatement.

Aloo Kachori

(raviolis aux pommes de terre)

maintenant 15

INGRÉDIENTS

350 g de farine complète

1 cuillère à soupe d'huile végétale raffinée et un peu pour la friture

1 cuillère à café de graines d'ajowan

Sel au goût

5 pommes de terre bouillies et écrasées

2 cuillères à café de poudre de chili

1 cuillère à soupe de feuilles de coriandre hachées

Méthode

- Mélangez la farine, 1 cuillère à soupe d'huile, les graines d'ajowan et le sel. Casser en boules de la taille d'un citron. Aplatissez chacun entre vos paumes et réservez.
- Mélangez les pommes de terre, la poudre de chili, les feuilles de coriandre et une pincée de sel.
- Déposez une portion de ce mélange au centre de chaque pain. Scellez en rapprochant les bords.

- Faites chauffer l'huile dans une poêle. Faites frire les kachoris à feu moyen jusqu'à ce qu'ils brunissent. Égoutter et servir chaud.

Régime dosé

(Crêpe diététique)

12 maintenant

INGRÉDIENTS

300 g de dhal mungo*, immergé dans 250 ml d'eau pendant 3-4 heures

3-4 piments verts

2,5 cm de racine de gingembre

100 g de semoule

1 cuillère à soupe de crème sure

50 g de feuilles de coriandre hachées

6 feuilles de curry

Huile végétale raffinée pour graisser

Sel au goût

Méthode

- Mélangez le dhal avec les piments verts et le gingembre. Ils broient ensemble.
- Ajouter la semoule et la crème. Bien mélanger. Ajoutez les feuilles de coriandre, les feuilles de curry et suffisamment d'eau pour obtenir une pâte épaisse.

- Beurrer une poêle plate et faire chauffer. Versez dessus 2 cuillères à soupe de pâte et étalez-la avec le dos d'une cuillère. Cuire 3 minutes à feu doux. Tournez et répétez.
- Répétez l'opération pour le reste de la pâte. Il est servi chaud.

Rouleau nutritif

Pour 8 à 10 personnes

INGRÉDIENTS

200 g d'épinards finement hachés

1 carotte, hachée finement

125 g de petits pois surgelés

50 g de haricots mungo germés

3-4 grosses pommes de terre, bouillies et écrasées

2 gros oignons, finement hachés

½ cuillère à café de pâte de gingembre

½ cuillère à café de pâte d'ail

1 piment vert, finement haché

½ cuillère à café d'amchoor*

Sel au goût

½ cuillère à café de poudre de chili

3 cuillères à soupe de feuilles de coriandre finement hachées

Huile végétale raffinée pour friture peu profonde

8 à 10 chapatis

2 cuillères à soupe de chutney de mangue sucré et tiède

Méthode

- Faire bouillir les épinards, les carottes, les pois et les haricots mungo.
- Mélangez les légumes cuits à la vapeur avec les pommes de terre, les oignons, la pâte de gingembre, la pâte d'ail, les piments, l'amchoor, le sel, la poudre de piment et les feuilles de coriandre. Bien mélanger pour obtenir un mélange homogène.
- Façonner le mélange en petites galettes.
- Chauffer l'huile dans une casserole. Faites frire les escalopes à feu moyen jusqu'à ce qu'elles soient dorées. Égoutter et réserver.
- Étalez un chutney de mangue chaud et sucré sur un chapatti. Placez une escalope au centre et roulez les chapatti.
- Répétez l'opération pour tous les chapatis. Il est servi chaud.

Sabudana Palak Doodhi Uttapam

(Crêpe au sagou, épinards et gourde)

faire 20

INGRÉDIENTS

1 cuillère à café de toor dhal*

1 cuillère à café de mungo dhal*

1 cuillère à café de haricots urad*

1 cuillère à café de masoor dhal*

3 cuillères à soupe de riz

100 g de sagou grossièrement moulu

50 g d'épinards cuits à la vapeur et hachés

¼ bouteille de citrouille*, rire

Pansement de 125 g*

½ cuillère à café de cumin moulu

1 cuillère à café de feuilles de menthe, hachées finement

1 piment vert, finement haché

½ cuillère à café de pâte de gingembre

Sel au goût

100 ml d'eau

Huile végétale raffinée pour la friture

Méthode

- Broyer ensemble le toor dhal, le mungo dhal, les haricots urad, le masoor dhal et le riz. Étagère.
- Faites tremper le sagou pendant 3 à 5 minutes. Il se vide complètement.
- Mélanger avec le mélange dhal-riz moulu.
- Ajouter les épinards, la courge en verre, le besan, le cumin moulu, les feuilles de menthe, les piments verts, la pâte de gingembre, le sel et l'eau au besoin pour obtenir une pâte épaisse. Laisser reposer 30 minutes.
- Beurrez une poêle et laissez-la chauffer. Versez 1 cuillère à soupe de pâte dans le moule et étalez-la avec le dos d'une cuillère.
- Couvrir et cuire à feu moyen jusqu'à ce que le dessous soit légèrement brun. Tournez et répétez.
- Répétez l'opération pour le reste de la pâte. Servir chaud avec du ketchup ou du chutney de noix de coco verte

Caca

Vous en portez 4

INGRÉDIENTS

150 g de poha*

1½ cuillères à soupe d'huile végétale raffinée

½ cuillère à café de graines de cumin

½ cuillère à café de graines de moutarde

1 grosse pomme de terre, hachée finement

2 gros oignons, finement hachés

5-6 piments verts, finement hachés

8 feuilles de curry, hachées grossièrement

¼ cuillère à café de curcuma

45 g de cacahuètes grillées (facultatif)

25 g / un peu 1 oz de noix de coco fraîche, râpée ou râpée

10 g de feuilles de coriandre finement hachées

1 cuillère à café de jus de citron

Sel au goût

Méthode

- Lavez bien le poha. Égoutter complètement l'eau et réserver le poha dans une passoire pendant 15 minutes.
- Détachez doucement les morceaux de poha avec vos doigts. Étagère.
- Chauffer l'huile dans une casserole. Ajouter le cumin et les graines de moutarde. Laissez-les égoutter pendant 15 secondes.
- Ajoutez les pommes de terre hachées. Faire revenir à feu moyen pendant 2-3 minutes. Ajouter les oignons, les piments verts, les feuilles de curry et le curcuma. Cuire jusqu'à ce que l'oignon devienne translucide. Retirer du feu.
- Ajoutez le poha, les cacahuètes grillées et la moitié des feuilles de noix de coco et de coriandre hachées. Bien mélanger.
- Arrosez de jus de citron et de sel. Cuire à feu doux pendant 4 à 5 minutes.
- Garnir avec le reste des feuilles de noix de coco et de coriandre. Il est servi chaud.

Escalope de légumes

Pour 10 à 12 personnes

INGRÉDIENTS

2 oignons, finement hachés

5 gousses d'ail

¼ cuillère à café de graines de fenouil

2-3 piments verts

10 g de feuilles de coriandre finement hachées

2 grosses carottes, hachées finement

1 grosse pomme de terre, hachée finement

1 petite betterave rouge, hachée finement

50 g de haricots verts finement hachés

50 g de petits pois

900 ml/1 litre et demi d'eau

Sel au goût

¼ cuillère à café de curcuma

2-3 cuillères à soupe de besan*

1 cuillère à soupe d'huile végétale raffinée et un peu pour la friture

50 g de chapelure

Méthode

- Broyez 1 oignon, l'ail, les graines de fenouil, le piment et les feuilles de coriandre pour obtenir une pâte lisse. Étagère.
- Mélangez les carottes, les pommes de terre, les betteraves rouges, les haricots verts et les petits pois dans une casserole. Ajoutez 500 ml d'eau, le sel et le curcuma et faites cuire à feu moyen jusqu'à ce que les légumes soient tendres.
- Écrasez bien les légumes et réservez.
- Mélangez le besan et le reste de l'eau jusqu'à l'obtention d'une pâte fine. Étagère.
- Faites chauffer 1 cuillère à soupe d'huile dans une casserole. Ajouter l'oignon restant et cuire jusqu'à ce qu'il devienne translucide.
- Ajouter la pâte oignon-ail et faire revenir une minute à feu moyen en remuant continuellement.
- Ajoutez la purée de légumes et mélangez bien.
- Enlever de la chaleur et mettre de côté pour refroidir.
- Divisez ce mélange en 10 à 12 boules. Aplatir entre les paumes pour faire des galettes.
- Trempez les boulettes de viande dans la pâte et roulez-les dans la chapelure.
- Faites chauffer l'huile dans une poêle. Faites frire les boulettes de viande jusqu'à ce qu'elles soient dorées des deux côtés.
- Il est servi chaud avec du ketchup.

Uppit de soja

(Snack au soja)

Vous en portez 4

INGRÉDIENTS

1½ cuillères à soupe d'huile végétale raffinée

½ cuillère à café de graines de moutarde

2 piments verts, finement hachés

2 piments rouges, finement hachés

Une pincée d'asafoetida

1 gros oignon, finement haché

2,5 cm de racine de gingembre, coupée en julienne

10 gousses d'ail, hachées finement

6 feuilles de curry

100 g de semoule de soja*, frit à sec

100 g de semoule frite à sec

200 g de petits pois

500 ml d'eau tiède

¼ cuillère à café de curcuma

1 cuillère à café de sucre

1 cuillère à café de sel

1 grosse tomate, hachée finement

2 cuillères à soupe de feuilles de coriandre finement hachées

15 raisins secs

10 noix de cajou

Méthode

- Chauffer l'huile dans une casserole. Ajoutez les graines de moutarde. Laissez-les égoutter pendant 15 secondes.
- Ajouter les piments verts, les piments rouges, l'asafoetida, l'oignon, le gingembre, l'ail et les feuilles de curry. Faire frire à feu moyen pendant 3 à 4 minutes en remuant souvent.
- Ajoutez le grain de soja, le sable et les petits pois. Cuire jusqu'à ce que les deux types de semoule soient bien dorés.
- Ajoutez l'eau chaude, le curcuma, le sucre et le sel. Cuire à feu moyen jusqu'à ce que l'eau sèche.
- Garnir de tomates, feuilles de coriandre, raisins secs et noix de cajou.
- Il est servi chaud.

Upma

(Au moins de la semoule au petit déjeuner)

Vous en portez 4

INGRÉDIENTS

1 cuillère à soupe de beurre clarifié

150 g de semoule

1 cuillère à soupe d'huile végétale raffinée

¼ cuillère à café de graines de moutarde

1 cuillère à café d'urad dhal*

3 piments verts, tranchés dans le sens de la longueur

8 à 10 feuilles de curry

1 oignon de taille moyenne, finement haché

1 tomate de taille moyenne, hachée finement

750 ml d'eau

1 cuillère à café pleine de sucre

Sel au goût

50 g de petits pois en conserve (facultatif)

25 g/1 oz de petites feuilles de coriandre finement hachées

Méthode

- Faites chauffer le ghee dans une poêle. Ajouter la semoule et cuire en remuant souvent jusqu'à ce qu'elle devienne dorée. Étagère.
- Chauffer l'huile dans une casserole. Ajoutez les graines de moutarde, l'urad dhal, les piments et les feuilles de curry. Faites frire jusqu'à ce que l'urad dhal devienne brun.
- Ajouter l'oignon et faire revenir à feu doux jusqu'à ce qu'il soit translucide. Ajoutez la tomate et faites revenir encore 3-4 minutes.
- Ajouter l'eau et bien mélanger. Cuire à feu moyen jusqu'à ce que le mélange commence à bouillir. Bien mélanger.
- Ajoutez le sucre, le sel, la semoule et les petits pois. Bien mélanger.
- Cuire à feu doux en remuant continuellement pendant 2-3 minutes.
- Garnir de feuilles de coriandre. Il est servi chaud.

Vermicelles Upma

(Vermicelles aux oignons)

Vous en portez 4

INGRÉDIENTS

3 cuillères à soupe d'huile végétale raffinée

1 cuillère à café de mungo dhal*

1 cuillère à café d'urad dhal*

¼ cuillère à café de graines de moutarde

8 feuilles de curry

10 noisettes

10 noix de cajou

1 pomme de terre moyenne, hachée finement

1 grosse carotte, hachée finement

2 piments verts, finement hachés

1/2 cm de racine de gingembre, hachée finement

1 gros oignon, finement haché

1 tomate, hachée finement

50 g de petits pois surgelés

Sel au goût

1 litre/1¾ litres d'eau

200 g de vermicelles

2 cuillères à soupe de beurre clarifié

Méthode

- Chauffer l'huile dans une casserole. Ajouter le mungo dhal, l'urad dhal, les graines de moutarde et les feuilles de curry. Laissez-les grésiller pendant 30 secondes.
- Ajoutez les noisettes et les noix de cajou. Faire frire à feu moyen jusqu'à ce qu'ils soient dorés.
- Ajoutez la pomme de terre et la carotte. Faire frire pendant 4 à 5 minutes.
- Ajoutez le poivron, le gingembre, l'oignon, les tomates, les petits pois et le sel. Cuire à feu moyen, en remuant souvent, jusqu'à ce que les légumes soient tendres.
- Ajouter l'eau et porter à ébullition. Bien mélanger.
- Ajoutez les vermicelles tout en continuant de remuer pour éviter la formation de grumeaux.
- Couvrir avec un couvercle et cuire à feu doux pendant 5 à 6 minutes.
- Ajoutez le ghee et mélangez bien. Il est servi chaud.

Lier

(escalope de pomme de terre)

faire 10

INGRÉDIENTS

5 cuillères à soupe d'huile végétale raffinée et un peu pour la friture

½ cuillère à café de graines de moutarde

2,5 mm de racine de gingembre, finement hachée

2 piments verts, finement hachés

50 g de feuilles de coriandre finement hachées

1 gros oignon, finement haché

4 pommes de terre de taille moyenne, bouillies et écrasées

1 grosse carotte, hachée finement et bouillie

125 g de petits pois en conserve

Une pincée de curcuma

Sel au goût

1 cuillère à café de jus de citron

250 g de faisan*

200 ml d'eau

½ cuillère à café de levure chimique

Méthode

- Faites chauffer 4 cuillères à soupe d'huile dans une casserole. Ajouter les graines de moutarde, le gingembre, le poivron vert, les feuilles de coriandre et l'oignon. Faire frire à feu moyen, en remuant de temps en temps, jusqu'à ce que l'oignon devienne doré.

- Ajouter les pommes de terre, la carotte, les petits pois, le curcuma et le sel. Cuire à feu doux pendant 5 à 6 minutes en remuant de temps en temps.

- Pressez le jus de citron et divisez le mélange en 10 boules. Étagère.

- Mélangez les haricots, l'eau et la levure avec 1 cuillère à soupe d'huile pour faire la pâte.

- Chauffer l'huile dans une casserole. Trempez chaque boule de pomme de terre dans la pâte et faites-la frire à feu moyen jusqu'à ce qu'elle soit dorée.

- Il est servi chaud.

Dhokla instantané

(Quiche instantanée à la vapeur)

Donne 15-20

INGRÉDIENTS

250 g de faisan*

1 cuillère à café de sel

2 cuillères à soupe de sucre

2 cuillères à soupe d'huile végétale raffinée

½ cuillère à soupe de jus de citron

240 ml d'eau

1 cuillère à soupe de levure chimique

1 cuillère à café de graines de moutarde

2 piments verts, tranchés dans le sens de la longueur

Quelques feuilles de curry

1 cuillère à soupe d'eau

2 cuillères à soupe de feuilles de coriandre finement hachées

1 cuillère à soupe de noix de coco fraîche râpée

Méthode

- Mélangez les haricots, le sel, le sucre, 1 cuillère à soupe d'huile, le jus de citron et l'eau pour obtenir une pâte lisse.
- Beurrer un moule à cake rond de 20 cm.
- Ajoutez la levure chimique à la pâte. Bien mélanger et verser aussitôt dans le moule avec le beurre. Cuire à la vapeur pendant 20 minutes.
- Piquez avec une fourchette pour vérifier la cuisson. Si une fourchette ne ressort pas propre, faites cuire à nouveau à la vapeur pendant 5 à 10 minutes. Étagère.
- Faites chauffer le reste de l'huile dans une casserole. Ajoutez les graines de moutarde. Laissez-les égoutter pendant 15 secondes.
- Ajouter les piments verts, les feuilles de curry et l'eau. Cuire à feu doux pendant 2 minutes.
- Versez ce mélange sur le dhokla et laissez-le absorber le liquide.
- Garnir de feuilles de coriandre et de noix de coco râpée.
- Couper en carrés et servir avec un chutney à la menthe

Dhal Maharani

(Lentilles noires et haricots)

Vous en portez 4

INGRÉDIENTS

150 g/5½ oz d'urad dhal*

2 cuillères à soupe de haricots rouges

1,4 litre/2½ litres d'eau

Sel au goût

1 cuillère à soupe d'huile végétale raffinée

½ cuillère à café de graines de cumin

1 gros oignon, finement haché

3 tomates de taille moyenne, hachées

1 cuillère à café de pâte de gingembre

½ cuillère à café de pâte d'ail

½ cuillère à café de poudre de chili

½ cuillère à café de garam masala

120 ml de crème fraîche fraîche

Méthode

- Faites tremper l'urad dhal et les haricots rouges ensemble pendant la nuit. Égouttez et faites bouillir le tout dans une casserole avec de l'eau et du sel pendant 1 heure à feu moyen. Étagère.
- Chauffer l'huile dans une casserole. Ajoutez les graines de cumin. Laissez-les égoutter pendant 15 secondes.
- Ajouter l'oignon et faire revenir à feu moyen jusqu'à ce qu'il soit doré.
- Ajoutez les tomates. Bien mélanger. Ajouter la pâte de gingembre et la pâte d'ail. Faire frire pendant 5 minutes.
- Ajouter le dhal cuit et le mélange de haricots, la poudre de piment et le garam masala. Bien mélanger.
- Ajoutez la crème. Faire bouillir pendant 5 minutes en remuant souvent.
- Servir chaud avec du naan ou du riz vapeur

Milagu Kuzhambu

(Gram rouge concassé dans une sauce au poivre)

Vous en portez 4

INGRÉDIENTS

2 cuillères à café de beurre clarifié

2 cuillères à café de graines de coriandre

1 cuillère à soupe de pâte de tamarin

1 cuillère à café de poivre noir moulu

¼ cuillère à café d'asafoetida

Sel au goût

1 cuillère à soupe de toor dhal*, cuit

1 litre/1¾ litres d'eau

¼ cuillère à café de graines de moutarde

1 poivron vert, haché

¼ cuillère à café de curcuma

10 feuilles de curry

Méthode

- Faites chauffer quelques gouttes de ghee dans une poêle. Ajoutez les graines de coriandre et faites revenir à feu moyen pendant 2 minutes. Refroidir et broyer.
- Mélanger avec la pâte de tamarin, le poivre, l'asafoetida, le sel et le dhal dans une grande casserole.
- Ajoutez l'eau. Bien mélanger et porter à ébullition à feu moyen. Étagère.
- Faites chauffer le ghee restant dans une casserole. Ajoutez les graines de moutarde, les piments verts, le curcuma et les feuilles de curry. Laissez-les égoutter pendant 15 secondes.
- Ajoutez ceci au dhal. Il est servi chaud.

Dhal Hariyali

(Légumes verts à feuilles fendues de gramme du Bengale)

Vous en portez 4

INGRÉDIENTS

300g/10oz ou dhal*

1,4 litre/2½ litres d'eau

Sel au goût

2 cuillères à soupe de beurre clarifié

1 cuillère à café de graines de cumin

1 oignon, finement haché

½ cuillère à café de pâte de gingembre

½ cuillère à café de pâte d'ail

½ cuillère à café de curcuma

50 g d'épinards hachés

10 g de feuilles de fenugrec finement hachées

25 g / à peine 1 oz de feuilles de coriandre

Méthode

- Faites cuire le dhal avec de l'eau et du sel dans une casserole pendant 45 minutes en remuant souvent. Étagère.
- Faites chauffer le ghee dans une casserole. Ajouter les graines de cumin, l'oignon, la pâte de gingembre, la pâte d'ail et le curcuma. Faites revenir 2 minutes à feu doux en remuant continuellement.
- Ajoutez les épinards, les feuilles de fenugrec et les feuilles de coriandre. Bien mélanger et cuire 5 à 7 minutes.
- Il est servi chaud avec du riz vapeur

Dhalcha

(gramme de Bengale fendu avec de l'agneau)

Vous en portez 4

INGRÉDIENTS

150 g de chana dhal*

150g/5½ oz ou dhal*

2,8 litres/5 litres d'eau

Sel au goût

2 cuillères à soupe de pâte de tamarin

2 cuillères à soupe d'huile végétale raffinée

4 gros oignons, hachés

5 cm de racine de gingembre râpée

10 gousses d'ail, émincées

750 g d'agneau 10 oz, haché

1,4 litre/2½ litres d'eau

3-4 tomates hachées

1 cuillère à café de poudre de chili

1 cuillère à café de curcuma

1 cuillère à café de garam masala

20 feuilles de curry

25 g/1 oz de petites feuilles de coriandre finement hachées

Méthode

- Cuire le dhal avec de l'eau et du sel pendant 1 heure à feu moyen. Ajouter la pâte de tamarin et bien écraser. Étagère.
- Chauffer l'huile dans une casserole. Ajoutez l'oignon, le gingembre et l'ail. Faire frire à feu moyen jusqu'à ce qu'ils soient dorés. Ajouter l'agneau et remuer constamment jusqu'à ce qu'il soit doré.
- Ajouter l'eau et laisser mijoter jusqu'à ce que l'agneau soit tendre.
- Ajouter les tomates, la poudre de chili, le curcuma et le sel. Bien mélanger. Cuire encore 7 minutes.
- Ajouter le dhal, le garam masala et les feuilles de curry. Bien mélanger. Faire bouillir pendant 4 à 5 minutes.
- Garnir de feuilles de coriandre. Il est servi chaud.

Tarkari Dhalcha

(gramme de Bengale fendu avec des légumes)

Vous en portez 4

INGRÉDIENTS

150 g de chana dhal*

150g/5½ oz ou dhal*

Sel au goût

3 litres/5¼ litres d'eau

10 g de feuilles de menthe

10 g de feuilles de coriandre

2 cuillères à soupe d'huile végétale raffinée

½ cuillère à café de graines de moutarde

½ cuillère à café de graines de cumin

Une pincée de graines de fenugrec

Une pincée de graines de kalonji*

2 piments rouges séchés

10 feuilles de curry

½ cuillère à café de pâte de gingembre

½ cuillère à café de pâte d'ail

½ cuillère à café de curcuma

1 cuillère à café de poudre de chili

1 cuillère à café de pâte de tamarin

500 g de potiron finement haché

Méthode

- Cuire les deux dhals avec du sel, 2,5 litres/4 litres d'eau et la moitié de la menthe et de la coriandre dans une casserole à feu moyen pendant 1 heure. Broyer en une pâte épaisse. Étagère.
- Chauffer l'huile dans une casserole. Ajoutez les graines de moutarde, le cumin, le fenugrec et le kalonji. Laissez-les égoutter pendant 15 secondes.

- Ajoutez les piments rouges et les feuilles de curry. Faire frire à feu moyen pendant 15 secondes.
- Ajoutez la pâte de dhal, la pâte de gingembre, la pâte d'ail, le curcuma, la poudre de piment et la pâte de tamarin. Bien mélanger. Cuire à feu moyen, en remuant souvent, pendant 10 minutes.
- Ajoutez le reste de l'eau et la courge. Cuire jusqu'à ce que les courgettes soient cuites.
- Ajoutez le reste des feuilles de menthe et de coriandre. Cuire 3-4 minutes.
- Il est servi chaud.

Dhokar Dhalna

(Cubottini di dhal frit au curry)

Vous en portez 4

INGRÉDIENTS

600 g de chana dhal*, laisser tremper toute la nuit

120 ml d'eau

Sel au goût

4 cuillères à soupe d'huile végétale raffinée et un peu pour la friture

3 piments verts, hachés

½ cuillère à café d'asafoetida

2 gros oignons, finement hachés

1 feuille de laurier

1 cuillère à café de pâte de gingembre

1 cuillère à café de pâte d'ail

1 cuillère à café de poudre de chili

¾ cuillère à café de curcuma

1 cuillère à café de garam masala

1 cuillère à soupe de feuilles de coriandre finement hachées

Méthode

- Broyer le dhal avec de l'eau et un peu de sel pour obtenir une pâte épaisse. Étagère.
- Faites chauffer 1 cuillère à soupe d'huile dans une casserole. Ajouter le poivron vert et l'asafoetida. Laissez-les égoutter pendant 15 secondes. Mélangez la pâte de dhal et un peu de sel. Bien mélanger.
- Étalez ce mélange sur une plaque pour le laisser refroidir. Couper en morceaux de 2,5 cm.
- Faites chauffer l'huile de friture dans une casserole. Faites frire les morceaux jusqu'à ce qu'ils soient dorés. Étagère.
- Faites chauffer 2 cuillères à soupe d'huile dans une casserole. Faites frire l'oignon jusqu'à ce qu'il brunisse. Réduisez-les en pâte et réservez-les.
- Faites chauffer la cuillère à soupe d'huile restante dans une casserole. Ajoutez la feuille de laurier, les morceaux de dhal frits, la pâte d'oignons frits, la pâte de gingembre, la pâte d'ail, la poudre de piment, le curcuma et le garam masala. Ajoutez suffisamment d'eau pour couvrir les morceaux de dhal. Bien mélanger et cuire 7 à 8 minutes.
- Garnir de feuilles de coriandre. Il est servi chaud.

varan

(Plaine divisée rouge Gram Dhal)

Vous en portez 4

INGRÉDIENTS

300g/10oz ou dhal*

2,4 litres/4 litres d'eau

¼ cuillère à café d'asafoetida

½ cuillère à café de curcuma

Sel au goût

Méthode

- Faites cuire tous les ingrédients dans une poêle pendant environ 1 heure à feu moyen.
- Il est servi chaud avec du riz vapeur

Dhal sucré

(Gram rouge concassé sucré)

Portions 4 à 6

INGRÉDIENTS

300g/10oz ou dhal*

2,5 litres/4 litres d'eau

Sel au goût

¼ cuillère à café de curcuma

Une grosse pincée d'asafoetida

½ cuillère à café de poudre de chili

Morceau de jaggery de 5 cm*

2 cuillères à soupe d'huile végétale raffinée

¼ cuillère à café de graines de cumin

¼ cuillère à café de graines de moutarde

2 piments rouges séchés

1 cuillère à soupe de feuilles de coriandre finement hachées

Méthode

- Lavez et faites cuire le toor dhal avec de l'eau et du sel dans une casserole à feu doux pendant 1 heure.
- Ajoutez le curcuma, l'asafoetida, la poudre de chili et le jaggery. Cuire 5 minutes. Bien mélanger. Étagère.
- Dans une petite casserole, faites chauffer l'huile. Ajoutez les graines de cumin, les graines de moutarde et les piments rouges secs. Laissez-les égoutter pendant 15 secondes.
- Versez cela dans le dhal et mélangez bien.
- Garnir de feuilles de coriandre. Il est servi chaud.

Dhal aigre-doux

(Gram rouge cassé doux-amer)

Portions 4 à 6

INGRÉDIENTS

300g/10oz ou dhal*

2,4 litres/4 litres d'eau

Sel au goût

¼ cuillère à café de curcuma

¼ cuillère à café d'asafoetida

1 cuillère à café de pâte de tamarin

1 cuillère à café de sucre

2 cuillères à soupe d'huile végétale raffinée

½ cuillère à café de graines de moutarde

2 piments verts

8 feuilles de curry

1 cuillère à soupe de feuilles de coriandre finement hachées

Méthode

- Cuire le toor dhal dans une casserole avec de l'eau et du sel à feu moyen pendant 1 heure.
- Ajoutez le curcuma, l'asafoetida, la pâte de tamarin et le sucre. Cuire 5 minutes. Étagère.
- Dans une petite casserole, faites chauffer l'huile. Ajoutez les graines de moutarde, les piments et les feuilles de curry. Laissez-les égoutter pendant 15 secondes.
- Versez cette épice dans le dhal.
- Garnir de feuilles de coriandre.
- Servir chaud avec du riz ou des chapatis cuits à la vapeur

Mung-ni-Dhal

(gramme vert fendu)

Vous en portez 4

INGRÉDIENTS

300 g de dhal mungo*

1,9 litres/3½ litres d'eau

Sel au goût

¼ cuillère à café de curcuma

½ cuillère à café de pâte de gingembre

1 piment vert, finement haché

¼ cuillère à café de sucre

1 cuillère à soupe de beurre clarifié

½ cuillère à café de graines de sésame

1 petit oignon, haché

1 gousse d'ail, hachée

Méthode

- Faire bouillir le dhal mungo avec de l'eau et du sel dans une casserole à feu moyen pendant 30 minutes.
- Ajoutez le curcuma, la pâte de gingembre, les piments verts et le sucre. Bien mélanger.
- Ajoutez 120 ml d'eau si le dhal est sec. Cuire 2-3 minutes et réserver.
- Faites chauffer le ghee dans une petite casserole. Ajoutez les graines de sésame, l'oignon et l'ail. Faites-les revenir 1 minute en remuant constamment.
- Ajoutez ceci au dhal. Il est servi chaud.

Dhal à l'oignon et à la noix de coco

(Grame rouge concassé avec oignon et noix de coco)

Portions 4 à 6

INGRÉDIENTS

300g/10oz ou dhal*

2,8 litres/5 litres d'eau

2 piments verts, hachés

1 petit oignon, haché

Sel au goût

¼ cuillère à café de curcuma

1½ cuillères à café d'huile végétale

½ cuillère à café de graines de moutarde

1 cuillère à soupe de feuilles de coriandre finement hachées

50 g de noix de coco fraîche, râpée

Méthode

- Faites bouillir le toor dhal avec l'eau, les piments verts, l'oignon, le sel et le curcuma dans une casserole à feu moyen pendant 1 heure. Étagère.
- Chauffer l'huile dans une casserole. Ajoutez les graines de moutarde. Laissez-les égoutter pendant 15 secondes.
- Versez cela dans le dhal et mélangez bien.
- Garnir de feuilles de coriandre et de noix de coco. Il est servi chaud.

Dahi Kadhi

(Curry au yaourt)

Vous en portez 4

INGRÉDIENTS

1 cuillère à soupe de besan*

250 g de yaourt

750 ml d'eau

2 cuillères à café de sucre

Sel au goût

½ cuillère à café de pâte de gingembre

1 cuillère à soupe d'huile végétale raffinée

¼ cuillère à café de graines de moutarde

¼ cuillère à café de graines de cumin

¼ cuillère à café de graines de fenugrec

8 feuilles de curry

10 g de feuilles de coriandre finement hachées

Méthode

- Mélangez les haricots avec le yaourt, l'eau, le sucre, le sel et la pâte de gingembre dans une grande casserole. Bien mélanger pour éviter la formation de grumeaux.
- Faites cuire le mélange à feu moyen jusqu'à ce qu'il commence à épaissir, en remuant souvent. Porter à ébullition. Étagère.
- Chauffer l'huile dans une casserole. Ajoutez les graines de moutarde, les graines de cumin, les graines de fenugrec et les feuilles de curry. Laissez-les égoutter pendant 15 secondes.
- Versez cette huile sur le mélange de haricots.
- Garnir de feuilles de coriandre. Il est servi chaud.

Dhal aux épinards

(Épinards au gramme vert cassé)

Vous en portez 4

INGRÉDIENTS

300 g de dhal mungo*

1,9 litres/3½ litres d'eau

Sel au goût

1 gros oignon, haché

6 gousses d'ail, hachées

¼ cuillère à café de curcuma

100 g d'épinards hachés

½ cuillère à café d'amchoor*

Une pincée de garam masala

½ cuillère à café de pâte de gingembre

1 cuillère à soupe d'huile végétale raffinée

1 cuillère à café de graines de cumin

2 cuillères à soupe de feuilles de coriandre finement hachées

Méthode

- Faites cuire le dhal avec de l'eau et du sel dans une casserole à feu moyen pendant 30 à 40 minutes.
- Ajoutez l'oignon et l'ail. Cuire 7 minutes.
- Ajouter le curcuma, les épinards, l'amchoor, le garam masala et la pâte de gingembre. Bien mélanger.
- Cuire jusqu'à ce que le dhal soit tendre et que toutes les épices aient été absorbées. Étagère.
- Chauffer l'huile dans une casserole. Ajoutez les graines de cumin. Laissez-les égoutter pendant 15 secondes.
- Versez ceci sur le dhal.
- Garnir de feuilles de coriandre. Il est servi chaud

Preneur Dhal

(Lentilles rouges cassées avec mangue non mûre)

Vous en portez 4

INGRÉDIENTS

300g/10oz ou dhal*

2,4 litres/4 litres d'eau

1 mangue non mûre, dénoyautée et coupée en quartiers

½ cuillère à café de curcuma

4 piments verts

Sel au goût

2 cuillères à café d'huile de moutarde

½ cuillère à café de graines de moutarde

1 cuillère à soupe de feuilles de coriandre finement hachées

Méthode

- Faites bouillir le dhal avec de l'eau, des morceaux de mangue, du curcuma, du piment et du sel pendant une heure. Étagère.
- Faites chauffer l'huile dans une poêle et ajoutez les graines de moutarde. Laissez-les égoutter pendant 15 secondes.
- Ajoutez ceci au dhal. Bouillir.
- Garnir de feuilles de coriandre. Il est servi chaud avec du riz vapeur

Dhal de base

(Grame rouge fendu avec des tomates)

Vous en portez 4

INGRÉDIENTS

300g/10oz ou dhal*

1,2 litre/2 litres d'eau

Sel au goût

¼ cuillère à café de curcuma

½ cuillère à soupe d'huile végétale raffinée

¼ cuillère à café de graines de cumin

2 piments verts, tranchés dans le sens de la longueur

1 tomate de taille moyenne, hachée finement

1 cuillère à soupe de feuilles de coriandre finement hachées

Méthode

- Cuire le toor dhal avec de l'eau et du sel dans une casserole pendant 1 heure à feu moyen.
- Ajoutez le curcuma et mélangez bien.
- Si le dhal est trop épais, ajoutez 120 ml d'eau. Mélangez bien et mettez de côté.
- Chauffer l'huile dans une casserole. Ajoutez les graines de cumin et faites grésiller pendant 15 secondes. Ajoutez le poivron vert et les tomates. Faire frire pendant 2 minutes.
- Ajoutez ceci au dhal. Remuer et cuire 3 minutes.
- Garnir de feuilles de coriandre. Il est servi chaud avec du riz vapeur

Maa-ki-Dhal

(Riche gramme noir)

Vous en portez 4

INGRÉDIENTS

240 g de kaali dhal*

125 g de haricots rouges

2,8 litres/5 litres d'eau

Sel au goût

3,5 cm de racine de gingembre, coupée en julienne

1 cuillère à café de poudre de chili

3 tomates, purée

1 cuillère à soupe de beurre

2 cuillères à soupe d'huile végétale raffinée

1 cuillère à café de graines de cumin

2 cuillères à soupe de crème nature

Méthode

- Faites tremper le dhal et les haricots ensemble pendant la nuit.
- Cuire avec l'eau, le sel et le gingembre dans une casserole pendant 40 minutes à feu moyen.
- Ajouter la poudre de piment, la purée de tomates et le beurre. Cuire pendant 8 à 10 minutes. Étagère.
- Chauffer l'huile dans une casserole. Ajoutez les graines de cumin. Laissez-les égoutter pendant 15 secondes.
- Ajoutez ceci au dhal. Bien mélanger.
- Ajoutez la crème. Il est servi chaud avec du riz vapeur

Dhansak

(Parsi Spicy Split Gram Rouge)

Vous en portez 4

INGRÉDIENTS

3 cuillères à soupe d'huile végétale raffinée

1 gros oignon, finement haché

2 grosses tomates hachées

½ cuillère à café de curcuma

½ cuillère à café de poudre de chili

1 cuillère à soupe de dhansak masala*

1 cuillère à soupe de vinaigre de malt

Sel au goût

Pour le mélange dhal :

150g/5½ oz ou dhal*

75g/2½oz Mungo Dhal*

75 g/2½ oz de masoor dhal*

1 petite aubergine, coupée en quartiers

Un morceau de citrouille de 3 pouces, coupé en quartiers

1 cuillère à soupe de feuilles de fenugrec fraîches

1,4 litre/2½ litres d'eau

Sel au goût

Méthode

- Faites cuire les ingrédients du mélange de dhal dans une casserole à feu moyen pendant 45 minutes. Étagère.
- Chauffer l'huile dans une casserole. Faites revenir l'oignon et les tomates à feu moyen pendant 2-3 minutes.
- Ajouter le mélange de dhal et tous les autres ingrédients. Bien mélanger et cuire à feu moyen pendant 5 à 7 minutes. Il est servi chaud.

Masoor Dhal

Vous en portez 4

INGRÉDIENTS

300 g/10 oz de masoor dhal*

Sel au goût

Une pincée de curcuma

1,2 litre/2 litres d'eau

2 cuillères à soupe d'huile végétale raffinée

6 gousses d'ail, émincées

1 cuillère à café de jus de citron

Méthode

- Faites cuire le dhal, le sel, le curcuma et l'eau dans une casserole à feu moyen pendant 45 minutes. Étagère.
- Faites chauffer l'huile dans une poêle et faites revenir l'ail jusqu'à ce qu'il soit doré. Ajouter au dhal et arroser de jus de citron. Bien mélanger. Il est servi chaud.

Panchemel Dhal

(Mélange de cinq lentilles)

Vous en portez 4

INGRÉDIENTS

75g/2½oz Mungo Dhal*

1 cuillère à soupe de chana dhal*

1 cuillère à soupe de masoor dhal*

1 cuillère à soupe de toor dhal*

1 cuillère à soupe d'urad dhal*

750 ml d'eau

½ cuillère à café de curcuma

Sel au goût

1 cuillère à soupe de beurre clarifié

1 cuillère à café de graines de cumin

Une pincée d'asafoetida

½ cuillère à café de garam masala

1 cuillère à café de pâte de gingembre

Méthode

- Faites cuire les dhals avec l'eau, le curcuma et le sel dans une casserole pendant 1 heure à feu moyen. Bien mélanger. Étagère.
- Faites chauffer le ghee dans une casserole. Faites frire les autres ingrédients pendant 1 minute.
- Ajoutez-le au dhal, mélangez bien et laissez cuire 3-4 minutes. Il est servi chaud.

Cholar Dhal

(gramme de Bengale divisé)

Vous en portez 4

INGRÉDIENTS

600 g de chana dhal*

2,4 litres/5 litres d'eau

Sel au goût

3 cuillères à soupe de beurre clarifié

½ cuillère à café de graines de cumin

½ cuillère à café de curcuma

2 cuillères à café de sucre

3 clous de girofle

2 feuilles de laurier

2,5 cm/1 pouce de cannelle

2 gousses de cardamome verte

15 g de noix de coco hachée et grillée

Méthode

- Faites cuire le dhal avec de l'eau et du sel dans une casserole à feu moyen pendant 1 heure. Étagère.
- Faites chauffer 2 cuillères à soupe de ghee dans une casserole. Ajoutez tous les ingrédients sauf la noix de coco. Laissez-les égoutter pendant 20 secondes. Ajouter le dhal cuit et cuire en remuant bien pendant 5 minutes. Ajoutez la noix de coco et 1 cuillère à soupe de ghee. Il est servi chaud.

Dilpa et Dhal

(Lentilles spéciales)

Vous en portez 4

INGRÉDIENTS

60 g de haricots rouges*

2 cuillères à soupe de haricots rouges

2 cuillères à soupe de pois chiches

2 litres/3½ litres d'eau

¼ cuillère à café de curcuma

2 cuillères à soupe de beurre clarifié

2 tomates blanchies et en purée

2 cuillères à café de cumin moulu, torréfié à sec

125 g de yaourt battu

120 ml de crème liquide

Sel au goût

Méthode

- Mélangez les haricots, les pois chiches et l'eau. Faire tremper dans une casserole pendant 4 heures. Ajoutez le curcuma et laissez cuire 45 minutes à feu moyen. Étagère.
- Faites chauffer le ghee dans une casserole. Ajouter tous les autres ingrédients et cuire à feu moyen jusqu'à ce que le ghee se sépare.
- Ajoutez le mélange de haricots et de pois chiches. Bouillir. Il est servi chaud.

Dhal Masoor

(lentilles rouges cassées)

Vous en portez 4

INGRÉDIENTS

1 cuillère à soupe de beurre clarifié

1 cuillère à café de graines de cumin

1 petit oignon, finement haché

2,5 cm de racine de gingembre, finement hachée

6 gousses d'ail, hachées finement

4 piments verts, tranchés dans le sens de la longueur

1 tomate, pelée et réduite en purée

½ cuillère à café de curcuma

300 g/10 oz de masoor dhal*

1,5 litre/2¾ litres d'eau

Sel au goût

2 cuillères à soupe de feuilles de coriandre

Méthode

- Faites chauffer le ghee dans une casserole. Ajoutez les graines de cumin, l'oignon, le gingembre, l'ail, le piment, la tomate et le curcuma. Faites frire pendant 5 minutes en remuant souvent.
- Ajouter le dhal, l'eau et le sel. Cuire 45 minutes. Garnir de feuilles de coriandre. Il est servi chaud avec du riz vapeur

Dhal d'aubergines

(lentilles aux aubergines)

Vous en portez 4

INGRÉDIENTS

300g/10oz ou dhal*

1,5 litre/2¾ litres d'eau

Sel au goût

1 cuillère à soupe d'huile végétale raffinée

50 g d'aubergines coupées en dés

2,5 cm/1 pouce de cannelle

2 gousses de cardamome verte

2 clous de girofle

1 gros oignon, finement haché

2 grosses tomates, hachées finement

½ cuillère à café de pâte de gingembre

½ cuillère à café de pâte d'ail

1 cuillère à café de coriandre moulue

½ cuillère à café de curcuma

10 g de feuilles de coriandre pour la garniture

Méthode

- Faites bouillir le dhal avec de l'eau et du sel dans une casserole pendant 45 minutes à feu moyen. Étagère.
- Chauffer l'huile dans une casserole. Ajouter tous les autres ingrédients sauf les feuilles de coriandre. Faites frire pendant 2-3 minutes en remuant continuellement.
- Ajoutez le mélange au dhal. Faire bouillir pendant 5 minutes. Garnir et servir.

Dhal Tadka jaune

Vous en portez 4

INGRÉDIENTS

300 g de dhal mungo*

1 litre/1¾ litres d'eau

¼ cuillère à café de curcuma

Sel au goût

3 cuillères à café de beurre clarifié

½ cuillère à café de graines de moutarde

½ cuillère à café de graines de cumin

½ cuillère à café de graines de fenugrec

2,5 cm de racine de gingembre, finement hachée

4 gousses d'ail, hachées finement

3 piments verts, tranchés dans le sens de la longueur

8 feuilles de curry

Méthode

- Faites cuire le dhal avec l'eau, le curcuma et le sel dans une poêle pendant 45 minutes à feu moyen. Étagère.
- Faites chauffer le ghee dans une casserole. Ajoutez tous les autres ingrédients. Faites-les revenir 1 minute et versez sur le dhal. Bien mélanger et servir chaud.

Rasam

(Soupe épicée au tamarin)

Vous en portez 4

INGRÉDIENTS

2 cuillères à soupe de pâte de tamarin

750 ml d'eau

8 à 10 feuilles de curry

2 cuillères à soupe de feuilles de coriandre hachées

Une pincée d'asafoetida

Sel au goût

2 cuillères à café de beurre clarifié

½ cuillère à café de graines de moutarde

Pour le mélange d'épices :

2 cuillères à café de graines de coriandre

2 cuillères à soupe de toor dhal*

1 cuillère à café de graines de cumin

4-5 grains de poivre

1 poivron rouge sec

Méthode

- Rôtir à sec et broyer ensemble les ingrédients du mélange d'épices.
- Mélangez le mélange d'épices avec tous les ingrédients sauf le ghee et les graines de moutarde. Cuire 7 minutes à feu moyen dans une poêle.
- Faites chauffer le ghee dans une autre poêle. Ajoutez les graines de moutarde et barbotez pendant 15 secondes. Il est versé directement dans le rasam. Il est servi chaud.

Mung Dhal simple

Vous en portez 4

INGRÉDIENTS

300 g de dhal mungo*

1 litre/1¾ litres d'eau

Une pincée de curcuma

Sel au goût

2 cuillères à soupe d'huile végétale raffinée

1 gros oignon, finement haché

3 piments verts, finement hachés

2,5 cm de racine de gingembre, finement hachée

5 feuilles de curry

2 tomates, hachées finement

Méthode

- Faites cuire le dhal avec l'eau, le curcuma et le sel dans une casserole pendant 30 minutes à feu moyen. Étagère.
- Chauffer l'huile dans une casserole. Ajoutez tous les autres ingrédients. Faire frire pendant 3-4 minutes. Ajoutez ceci au dhal. Bouillir. Il est servi chaud.

Haricot mungo vert entier

Vous en portez 4

INGRÉDIENTS

250 g de haricots mungo trempés toute la nuit

1 litre/1¾ litres d'eau

½ cuillère à soupe d'huile végétale raffinée

½ cuillère à café de graines de cumin

6 feuilles de curry

1 gros oignon, finement haché

½ cuillère à café de pâte d'ail

½ cuillère à café de pâte de gingembre

3 piments verts, finement hachés

1 tomate, hachée finement

¼ cuillère à café de curcuma

Sel au goût

120 ml de lait

Méthode

- Faites cuire les haricots avec de l'eau dans une casserole pendant 45 minutes à feu moyen. Étagère.
- Chauffer l'huile dans une casserole. Ajoutez les graines de cumin et les feuilles de curry.
- Après 15 secondes, ajoutez les haricots cuits et tous les autres ingrédients. Bien mélanger et cuire 7 à 8 minutes. Il est servi chaud.

www.ingramcontent.com/pod-product-compliance
Lightning Source LLC
Chambersburg PA
CBHW071826110526
44591CB00011B/1233